本书是2021年度国家社科基金重点项目"中国共产党革命精神谱系研究"（项目编号：21ADJ011）的阶段性成果

百年红色记忆

红色旧址手绘系列读本

高等学校中国共产党革命精神与文化资源研究中心
教育部高等学校社会科学发展研究中心 组编

王炳林 杨敬民·总主编

湖北卷

———

王立兵 ◎ 主编

中国文史出版社

图书在版编目（CIP）数据

百年红色记忆．湖北卷 / 王立兵主编．-- 北京：
中国文史出版社，2020.11

（红色旧址手绘系列读本）

ISBN 978-7-5205-2856-6

Ⅰ.①百… Ⅱ.①王… Ⅲ.①革命纪念地—湖北—图
集 Ⅳ.① K928.72

中国版本图书馆 CIP 数据核字（2020）第 256956 号

责任编辑：金　硕　胡福星

出版发行：中国文史出版社

社　　址：北京市海淀区西八里庄路 69 号　邮编：100142

电　　话：010 - 81136606　81136602　81136603（发行部）

传　　真：010 - 81136655

印　　装：三河市华东印刷有限公司

经　　销：全国新华书店

开　　本：710mm × 1000mm　　1/16

印　　张：16.75

字　　数：240 千字

版　　次：2023 年 4 月北京第 1 版

印　　次：2023 年 4 月第 1 次印刷

定　　价：98.00 元

总　序

王炳林

(教育部高等学校社会科学发展研究中心主任)

习近平总书记指出，"革命文物承载党和人民英勇奋斗的光荣历史，记载中国革命的伟大历程和感人事迹，是党和国家的宝贵财富，是弘扬革命传统和革命文化、加强社会主义精神文明建设、激发爱国热情、振奋民族精神的生动教材。"从建党的开天辟地，到新中国成立的改天换地，到改革开放的翻天覆地，再到党的十八大以来的惊天动地，一路走来，中国共产党人在创造辉煌历史和精神财富的同时，也留下了灿若星辰的革命旧址。这些旧址犹如一个个脚印，印证着中国共产党诞生、发展、壮大的波澜壮阔的历程。如果说百年历史是一幅宏伟壮丽的历史画卷，那么这一处处革命旧址就是画卷上一抹抹鲜艳亮丽的色彩；如果说百年历史是一首气壮山河的乐曲，那么这一处处革命旧址就是乐章中一个个有着铿锵韵律的音符。

红色革命旧址主要包括革命人物旧居、重要战场遗址、重大革命事件发生地、重要革命建筑，以及为纪念重大事件和缅怀英烈而建的各类纪念建筑等，从南湖红船到井冈山革命根据地，从延安宝塔山到北京香山，从上海石库门到北京天安门……串联起革命、建设和改革的全过程，记录着中国共产党团结带领中国人民为争取民族独立、人民解放和实现国家富强、人民富裕而不懈奋斗的历史，见证着中国共产党人的初心使命，承载着中华民族共同的历史记忆，是进行爱国主义和革命传统教育的宝贵历史资源。革命旧址蕴藏着爱国、团结、奋斗、创造、梦想等优秀特质和禀赋，深刻影响着当代中国人的精神世界，是凝聚人心、推动社会进步的强大力量。因此，充分认识革命文物工作在见证革命历史、弘扬革命精神上的重要作用，切实把革命文物保护好、管理好、运用好，对激发广大干部群众的精神力量，信心百倍为全面建设社会主义现代化国家、实现中华民族伟大复兴中国梦而奋斗有重要意义。

在中国共产党成立 100 周年之际，教育部高等学校社会科学发展研究中心、高等学校中国共产党革命精神与文化资源研究中心联系相关高校，以省域为单位组织编写《红色旧址手绘系列读本》。在时间上，主要突出从 1919 年五四运动爆发至 1949 年中华人民共和国成立的革命历史，适当向社会主义革命和建设时期延伸；在空间上，主要涵盖了北京、河北、黑龙江、湖北、江西、浙江等六省市的红色遗存；在类型上，主要突出重要领导机构旧址、重要会议旧址、重要人物故居、重要事件遗址遗迹、重要纪念地场馆等，并适当向相关爱国主义教育基地延伸；在表现形式上，坚持艺术的真实与史实的真实相结合，线条为主，晕染为辅，凸显革命旧址的主体性与符号性，展现中国共产党艰辛而又辉煌的奋斗历程，注重形神统一，营造较强的视觉冲击力和艺术感染力。

本书力图呈现以下特点：

一是坚持政治性和艺术性相统一。"文章合为时而著，歌诗合为事而作。"突出用艺术来讲政治，以中国共产党发展历程中重要红色遗址为主要内容，通过精美的手绘、生动的语言、丰富的史料、严谨的编排，创新革命文化传播方式，为开展党史学习教育提供生动教材。通过运用构图、线条、造型、色彩等艺术手法，以图读史、以图学史、以图记史、以图证史，多角度挖掘革命旧址的崇高美，增强爱国主义和革命传统教育的感染力。书中呈现的一幅幅画作，不仅是对革命旧址艺术化的展现，更是对党领导人民革命、建设、改革实践的钩沉。这些场景连点成线、串线成面，共同交织出中国共产党百年波澜壮阔的奋斗历程，让读者在感受红色旧址美感的同时，经受灵魂的洗礼。

二是坚持学术性和通俗性相统一。以党的三个历史决议为依据，选取中国共产党百年历程中具有典型性和代表性的革命旧址进行展现，勾勒出中国共产党艰苦卓绝的奋斗史，系统展现重要思想理论和历史活动，具有一定学术价值。在介绍革命旧址的基本状况、文保状况时，注重与时俱进吸纳革命文物普查的最新资料。描述革命旧址相关的历史事件、重要人物时，注重突出主题主线、主流本质，旗帜鲜明反对历史虚无主义。在坚持学术性的同时，注重运用通俗化的语言生动活泼地讲好革命故事，做到以情动人、以故事感染人。

三是坚持历史性和现实性相统一。革命历史波澜壮阔，红色旧址光芒永存。红色革命旧址是党史研究的聚宝盆，革命精神传承的压舱石，红色文化资源育人的主阵地。着力通过展示旧址讲党史，突出见人见物见精神。引导人们在求"历史之实"的基础上进一步求"历史之是"，在对历史与现实的比较中，弄清楚红色政权是从哪里来的、新中国是怎么建立起来的，不断增强道路自信、理论自信、制度自信、文化自信。

希望丛书的出版，能够让读者在感受艺术熏陶的同时，更为直观地了解中华英雄儿女为革命、建设、改革不懈奋斗的历史。书的图片和文字是静止的，但精神却是跃动的。如果能够通过这套丛书的出版为创新红色基因传承路径提供一些借鉴和参考，那无疑是所有编撰者的最大心愿，也必将成为我们继续推进以省域为单位的红色旧址手绘系列读本编绘工作的强大动力。

2021 年 11 月

前　言

　　湖北具有厚重的历史文化底蕴。在烽烟四起的近现代，中国共产党领导湖北人民，为赢得国家独立和民族解放，进行了轰轰烈烈的反帝反封建的革命斗争，谱写了中华民族自强不息、艰苦奋斗的壮丽篇章，铸就了湖北光荣辉煌的新民主主义革命史。湖北是中国共产党和革命军队的重要发祥地，是全民族抗战的重要战场，是中国革命走向全面胜利的重要转折地。

　　自新文化运动开始，以董必武、陈潭秋、恽代英、林育南等为代表的湖北先进知识分子积极学习和传播马克思主义理论，逐步成长为具有坚定共产主义信仰的第一批中国共产党人。他们在湖北办学校、创报刊、发文章、建组织，培养革命人才，开展革命活动，为湖北播下了革命的火种，使湖北成为华中地区马克思主义传播的核心地带和中国革命的启蒙地之一。1920年8月，正式成立武汉共产党早期组织。1921年7月，具有共产主义性质的共存社在湖北黄冈成立。同月，中共一大召开，出席中国共产党成立大会的13名代表中有5名湖北人。1922年初，中共武汉执行委员会成立，湖北的建党工作迅速由武汉向全省城乡发展，中国共产党逐渐成为湖北新民主主义革命的领导核心。

　　湖北作为全国工农运动的中心省份之一，革命形势蓬勃发展。1923年2月初，中国共产党领导了以汉口江岸为中心的京汉铁路工人大罢工，是第一次工人运动高潮的顶点。1926年10月，北伐军攻克武汉三镇，国共两党的中央机构和国民政府随后迁至武汉，湖北成了全国革命的中心，全省工、农、青、妇运动广泛开展。毛泽东、刘少奇、董必武、吴德峰等于1927年春在武昌创办了中央农民运动讲习所、工人运动讲习所、党义讲习所和农民武装干部训练班等，为革命培训了大批政治、军事人才。

1927年大革命失败后，中共中央在汉口召开了八七会议，总结了大革命失败的经验教训，确定了土地革命和武装反抗国民党反动派的总方针。八七会议后，湖北人民在中国共产党的领导下，继续英勇地高举反帝反封建的革命旗帜，积极参与秋收起义、黄麻起义，并建立了由中国共产党领导的红色政权——黄安县农民政府。从1927年至1937年，党领导湖北人民经过艰苦卓绝的斗争，在境内及周边开辟了鄂豫皖、湘鄂西、湘鄂赣、湘鄂川黔、鄂豫陕等革命根据地，其中以湖北为中心的鄂豫皖革命根据地因武装斗争、政权建设和土地革命的发展兴盛成为全国第二大革命根据地；创建了中国工农红军红二方面军、红四方面军、红三军团、红十五军、红二十五军、红二十八军等多支革命武装，其中红二方面军、红四方面军和红二十五军均参加了万里长征。

1937年七七事变爆发后，中国共产党以民族利益为重，促成抗日民族统一战线。抗战时期，湖北再次成为各方的重要角力点，中国共产党与国民党积极合作，协助国民政府组织武汉保卫战，并采取一系列正确的战略方针，在军事、政治、经济等方面积极主动地配合与支持国民党正面战场上的作战。同时，中国共产党在武汉外围领导人民抗日武装，广泛开展游击战，开辟敌后战场，建立敌后抗日根据地。李先念、陈少敏等领导的新四军第五师，英勇作战，开辟鄂豫边抗日民主根据地，完成了对武汉的战略包围，成为中原抗战的中流砥柱。

抗战胜利后，中国共产党领导湖北人民开展争取和平民主、反对内战的斗争。1946年6月，国民党30万大军从南北两面夹击中原解放区，中原局和中原军区部队在李先念、郑位三、王震、王树声等领导下，发扬勇猛顽强的战斗精神，经过一个多月的艰苦行军和作战，胜利突围。在主力部队撤走后的极其困难的条件下，中国共产党领导湖北军民坚持游击战，配合解放军主力在其他战场的作战。1947年6月，刘邓大军挺进大别山，拉开了解放战争战略反攻的序幕。1949年5月16日，中国人民解放军解放汉口，湖北各地先后建立人民民主政权；11月19日，湖北全境解放，从此，湖北的历史翻开了新的一页！

中国共产党在湖北这片土地上开展伟大革命斗争中，留下了许多珍贵的革命旧址，这些旧址主要包括革命人物旧居、重要战场遗址、重大革命事件发生地、重要革命建筑，以及为纪念重大事件和缅怀英烈而建的各类纪念建筑。据统计，湖北革命旧址总数达3477个，其中国家级重点文物保护单位有28个。这些旧址记录了中国共产党领导的波澜壮阔革命史，承载着中华民族共同的历史记忆，见证了中国共产党人为革命事业奔走忙碌、无私奉献、鞠躬尽瘁的身影，蕴含着中国共产党和中国人民艰苦奋斗、百折不挠的革命精神，诠释着中国共产党为中国人民谋幸福、为中华民族谋复兴的初心和使命，是中华民族百年红色记忆的重要印迹。站在新时代，以美术绘画的形式描绘珍贵的革命旧址，用艺术反映中国特色的红色元素，以图说史、以图学史、以图记史，进而展现中国共产党人的精神和力量，无疑将大大增加爱国主义和革命传统教育的感染力！

2021 年 11 月

目 录

CONTENTS

湖北红色旧址概况

　　湖北全省总共有3477处红色旧址，在地域分布上基本覆盖全省，且相对集中于山区、库区、湖区。各地区红色旧址的具体数目是：武汉市145个，黄冈市695个，荆州市548个，孝感市148个，襄阳市135个，黄石市145个，十堰市246个，荆门市75个，宜昌市279个，随州市162个，恩施州637个，咸宁市125个，鄂州市10个，潜江市15个，仙桃市44个，天门市54个，神农架林区14个。

　　在全省众多红色旧址中，本次选取了自中国共产党创立到中华人民共和国成立前这段时期内的100余处红色旧址、遗址和纪念建筑，绘成画册，编辑成书。选入了武汉21处，黄冈21处，荆州14处，孝感15处，襄阳14处，黄石8处，十堰11处，荆门5处，宜昌8处，随州4处，恩施11处，咸宁6处，鄂州3处，潜江2处，仙桃、天门、神龙架林区各1处。选入的红色旧址充分考虑了旧址自身的历史地位、现在保护状态和未来开发前景三方面的因素。入选的红色旧址按照区域和时间结合的方式进行排列，便于阅读和欣赏。

一、武汉革命旧址

私立武汉中学旧址

私立武汉中学旧址位于武汉市武昌区粮道街279号武汉中学。

1919年春，董必武在上海初步接触了马克思主义。同年8月，董必武从上海回武汉办学校宣传马克思主义，培养革命人才。该校于同年冬开始筹备，1920年3月开学。私立武汉中学是武汉地区具有初步共产主义思想的先进知识分子进行革命活动的主要基地，这里还是开展中共早期组织活动、传播马克思主义和培养革命骨干的一个重要基地。

私立武汉中学旧址于1959年6月被武汉市人民委员会公布为武汉市文物保护单位。

武汉市人民政府
武汉中学旧址

纪念馆

京汉铁路总工会旧址

京汉铁路总工会旧址位于武汉市江岸区解放大道2185号。

京汉铁路总工会旧址原为江岸分工会所在地。1923年2月，京汉铁路总工会领导人在此办公，成为领导京汉铁路总同盟罢工斗争的指挥部。1923年2月4日上午，林祥谦在这里下达了罢工命令，1923年2月7日下午，参加最后谈判的工人代表聚集在此共商大计。

旧址原位于解放大道1437号，1995年因解放大道拓宽而整体迁移至现址。

京汉铁路总工会旧址于1956年11月被湖北省人民委员会公布为湖北省文物保护单位。

林祥谦烈士塑像

　　林祥谦烈士塑像位于武汉市江岸区江岸车站内林祥谦烈士就义处附近。

　　林祥谦（1892—1923），福建闽侯人。1912年来到江岸机器厂当机器钳工，1922年下半年加入中国共产党。1923年初，京汉铁路总工会成立，他作为江岸分工会的代表出席了2月1日在郑州召开的成立大会。2月4日上午9时，林祥谦指挥拉响了江岸罢工汽笛，轰轰烈烈的罢工斗争开始了。2月7日下午，他不幸被捕英勇就义，牺牲时年仅31岁。

　　林祥谦烈士塑像于1983年4月被武汉市人民政府公布为武汉市文物保护单位。

施洋烈士陵园

施洋烈士陵园位于武汉市武昌区洪山南麓。

施洋（1889—1923），湖北竹山人，1922年6月加入中国共产党。1923年2月，参加领导京汉铁路全线总同盟罢工。2月7日，施洋被反动军阀逮捕，2月15日牺牲于武昌。

施洋烈士原安葬在武昌洪山脚下，1953年总工会迁墓建陵园于现址。陵园由牌坊、烈士塑像、纪念碑和烈士墓四部分组成。

施洋烈士陵园于1956年11月被湖北省人民委员会公布为湖北省文物保护单位，1995年3月被湖北省人民政府公布为湖北省爱国主义教育基地。

武汉二七纪念馆

武汉二七纪念馆位于武汉市江岸区解放大道2499号。

该纪念馆是为纪念1923年在京汉铁路工人大罢工中牺牲的烈士而建立。

1923年2月4日，京汉铁路3万多铁路工人举行大罢工。2月7日，反动军阀制造了"二七惨案"，杀害工人52人，打伤300余人。京汉铁路大罢工是中国共产党领导的第一次工人运动高潮的顶点，罢工虽最终以失败告终，但它进一步显示了中国工人阶级的力量，增强了党在全国人民心中的影响。

1985年，湖北省、武汉市政府和原铁道部在解放大道选址迁建了武汉二七纪念馆。

武汉二七纪念馆于1956年11月被湖北省人民委员会公布为湖北省文物保护单位，1997年7月被中央宣传部公布为全国爱国主义教育示范基地。

武汉二七纪念馆

贺胜桥北伐阵亡将士陵园

　　贺胜桥北伐阵亡将士陵园位于武汉市江夏区山坡乡贺站社区贺胜桥街45号。

　　1926年北伐军与直系军阀吴佩孚部连番激战，于8月30日占领贺胜桥，打开了通向武汉的南大门。1929年10月，国民政府拨款修建了贺胜桥北伐阵亡将士陵园。园内由南向北依次为纪念墓、纪念亭、纪念碑等纪念建筑。

　　贺胜桥北伐阵亡将士陵园于1992年12月被湖北省人民政府公布为湖北省文物保护单位，2007年10月被武汉市人民政府公布为武汉市爱国主义教育基地。

毛泽东同志主办的中央农民运动讲习所旧址

毛泽东同志主办的中央农民运动讲习所旧址位于武汉市武昌区红巷13号。

农讲所于1927年3月7日正式上课，学生来自全国17个省，共800余人。农讲所教育学生学习革命理论、农民运动理论与方法，并对学生实行严格的军事训练，为全国培养了一批农民骨干。大革命失败后，许多师生参加了中国共产党领导的武装起义。1958年，中共湖北省委决定筹建纪念馆。

毛泽东同志主办的中央农民运动讲习所旧址于2001年6月被国务院公布为全国重点文物保护单位，1997年7月被中央宣传部公布为全国爱国主义教育示范基地。

毛泽东同志旧居

毛泽东同志旧居位于武汉市武昌区都府堤41号。

旧居是毛泽东1927年上半年在武汉从事革命活动时的住所，毛泽东在这里完成了著名的《湖南农民运动考察报告》一文，在此期间主持了中国国民党中央农民运动讲习所工作。当时在这里居住的还有蔡和森、彭湃、夏明翰等革命者。

毛泽东同志旧居于1981年12月被湖北省人民政府公布为湖北省文物保护单位，毛泽东同志旧居与武昌中央农民运动讲习所一起于2001年6月被国务院公布为全国重点文物保护单位。

中国共产党第五次全国代表大会
会址纪念馆

中国共产党第五次全国代表大会会址纪念馆位于武汉市武昌区都府堤20号。

1927年4月27日至5月9日，中共五大在武汉举行。出席大会的有11个省区的党组织及共产主义青年团代表共计82人。党的五大是在大革命面临严重危机的紧急关头召开的一次重要会议，探讨了中国革命的一系列基本问题，提出了指导革命的一些正确原则，并第一次选举产生了中央监察委员会。

大会开幕后，在汉口黄陂会馆举行正式会议。黄陂会馆1933年因年久失修拆除，遗址现为武汉市第七十五中学。

中华全国总工会暨湖北省总工会旧址

　　中华全国总工会暨湖北省总工会旧址位于武汉市江岸区友益街16号。

　　1926年9月17日，中华全国总工会在武汉设立办事处，10月10日，在中华全国总工会办事处的领导下，湖北省总工会成立。1927年2月1日，中华全国总工会正式由广州迁入武汉，在此办公。李立三、刘少奇等都曾在此从事革命活动。在大革命后期，中华全国总工会先后在汉口筹备举行了太平洋劳动会议和第四次全国劳动大会。

　　中华全国总工会暨湖北省总工会旧址于2006年5月被国务院公布为全国重点文物保护单位。

八七会议会址纪念馆

八七会议会址纪念馆位于武汉市江岸区鄱阳街139号。

八七会议会址纪念馆依托八七会议会址而建。1927年8月7日，中共中央在汉口原俄租界三教街41号召开了紧急会议，参加会议的代表共22人。

会议选出了以瞿秋白为首的中央临时政治局，确定了实行土地革命和武装起义的方针。毛泽东出席了这次会议，并提出了著名的"枪杆子里出政权"的论断。

八七会议会址于1982年2月被国务院公布为全国重点文物保护单位，八七会议会址纪念馆于2001年6月被中央宣传部公布为全国爱国主义教育示范基地。

向警予烈士陵园

　　向警予烈士陵园位于武汉市汉阳区龟山西首。

　　向警予（1895—1928），湖南溆浦人，中国共产党早期著名的妇女运动领导人之一。1928年3月，在武汉工作时因叛徒出卖而被捕，同年5月遇害。

　　1978年，中共湖北省委、武汉市委决定在龟山西首修建向警予烈士陵园。1988年7月，陵园重建了高8米的向警予汉白玉全身坐像。

　　向警予烈士陵园于1981年12月被湖北省人民政府公布为湖北省文物保护单位，1995年3月被湖北省人民政府公布为湖北省爱国主义教育基地。

红色战士公墓

红色战士公墓

红色战士公墓位于武汉市汉阳区龟山。

1927年大革命失败后，武汉地区大批共产党人被屠杀。烈士牺牲后，共产党员陈春和不顾个人安危，多次带人收拢被害烈士遗骨秘密安葬。这些死难烈士被称为红色战士，他们的安葬地很早就以"红色战士公墓"而闻名。

1986年10月，武汉市人民政府根据市人大代表的意见，将红色战士公墓迁建于龟山。

红色战士公墓于1956年11月被湖北省人民委员会公布为湖北省文物保护单位，1995年3月被湖北省人民政府公布为湖北省爱国主义教育基地。

八路军武汉办事处旧址纪念馆

　　八路军武汉办事处旧址纪念馆位于武汉市江岸区长春街57号。

　　1937年10月，八路军武汉办事处在汉口安仁里1号成立。中共中央长江局成立后，其机关也设在办事处内。1937年12月至1938年10月，周恩来、董必武、秦邦宪、叶剑英等在这里领导中共中央长江局和八路军武汉办事处的工作。

　　八路军武汉办事处旧址于1981年12月被湖北省人民政府公布为湖北省文物保护单位，八路军武汉办事处旧址纪念馆于1995年3月被湖北省人民政府公布为湖北省爱国主义教育基地。

国民政府军事委员会政治部第三厅旧址

国民政府军事委员会政治部第三厅旧址位于武汉市武昌区昙华林武汉市第十四中学。

1938年春，国民政府军事委员会政治部迁入武汉。政治部第三厅设于昙华林，成立于1938年4月1日，周恩来任政治部副部长，郭沫若任政治部第三厅厅长。第三厅团结和组织云集在武汉的一大批文化界爱国志士，使这里一时成为全国的抗日宣传中心。

国民政府军事委员会政治部第三厅旧址于2008年3月被湖北省人民政府公布为湖北省文物保护单位。

周恩来同志珞珈山旧居

周恩来同志珞珈山旧居位于武汉市武昌区武汉大学1区27号。

1937年，南京沦陷后，武汉成为全国抗战的领导中心。时任中共中央长江局主要负责人、国民政府军事委员会政治部副部长的周恩来，于1938年的春天由汉口迁到这里居住。在此居住期间，周恩来号召广大青年奔赴抗日前线，他还在此同民主人士、爱国将领等多次会谈，共商抗日救亡大计。

旧居依山而建，坐北朝南，周恩来住的二楼有3个房间。旧居按原貌维修，现为武汉大学教师宿舍。

武汉新华日报社旧址

　　新华日报社旧址位于武汉市江汉区民意一路大陆里4—6号。

　　《新华日报》是全国抗日战争时期中国共产党在国民党统治区唯一公开出版发行的大型日报，属中共中央长江局领导。1938年1月11日，在武汉正式创刊，社长潘梓年，社址先设成忠街53号，后迁至此地。该报在武汉办报近10个月。武汉沦陷后，报社迁往重庆。

　　新华日报社旧址于1983年4月被武汉市人民政府公布为武汉市文物保护单位。

陆军新编第四军司令部旧址

陆军新编第四军司令部旧址位于武汉市江岸区胜利街332—352号（原大和街26号）。

1937年，中国共产党同国民党谈判达成协议，于10月将在南方八省坚持游击战争的红军游击队整编为国民革命军陆军新编第四军（简称新四军）。军长叶挺，副军长项英。12月25日，新四军军部在武汉正式组建成立。

陆军新编第四军司令部旧址于2002年11月被湖北省人民政府公布为湖北省文物保护单位，2008年2月被武汉市人民政府公布为武汉市爱国主义教育基地。

江汉关大楼——武汉解放时第一面党旗公开升起的地方

江汉关大楼是武汉解放时公开升起第一面党旗的地方，位于武汉市江汉区江汉路1号。

大楼原为武汉海关大楼，奠基于1922年11月，1924年1月正式建成，为武汉市标志性建筑。1949年5月16日武汉解放时，受中共武汉市委领导的地下党员连夜赶制并在江汉关楼顶公开升起了第一面中国共产党党旗迎接解放。中华人民共和国成立后，江汉关改名为武汉关。

江汉关大楼于2001年6月被国务院公布为全国重点文物保护单位。

二、黄冈革命旧址

董必武故居纪念馆

董必武故居纪念馆位于黄冈市红安县城关镇民主街24号。

董必武（1886—1975），湖北红安人。1920年参与筹建武汉的中国共产党早期组织，成为中国共产党党员。1921年参加中国共产党第一次全国代表大会。在革命战争年代长期担任领导职务。新中国成立后，历任最高人民法院院长、中华人民共和国代副主席、代主席等职。1975年4月2日在北京逝世。

董必武故居纪念馆于2006年5月被国务院公布为全国重点文物保护单位，故居内董必武纪念馆于1995年3月被湖北省人民政府公布为湖北省爱国主义教育基地。

陈潭秋故居纪念馆

陈潭秋故居纪念馆位于黄冈市黄州区陈策楼镇陈策楼村。

陈潭秋（1896—1943），中国共产党的创始人之一。1920年秋，他与董必武等人创建了武汉共产党早期组织。返回故里后建立了黄冈最早的党组织——陈策楼党小组，陈策楼成为黄冈革命中心的策源地。1943年9月27日，陈潭秋在新疆被反动军阀杀害。

陈潭秋故居纪念馆于1992年12月被湖北省人民政府公布为湖北省文物保护单位，1999年2月被湖北省人民政府公布为湖北省爱国主义教育基地。

陈潭秋

黄冈县第一个党小组旧址

　　黄冈县第一个党小组（陈策楼）旧址位于黄冈市黄州区陈策楼镇陈策楼村陈潭秋故居西北角。

　　1927年冬，陈策楼被国民党反动派烧毁两层，现只保存底下一层，建筑面积140平方米，周围保护面积1600平方米。

　　1922年春，陈潭秋等回到陈策楼，在这座高楼和聚星学校秘密发展中共党员和农协会员，并在陈策楼建立了黄冈县最早的地下党组织——陈策楼党小组。大革命时期，陈策楼地区的共产党员、农协会员和进步群众为革命而英勇献身的烈士有122人。

英山县烈士陵园

英山县烈士陵园位于黄冈市英山县温泉镇金石路38号。

英山县是一块红色的土地。在革命战争年代，全县就有10万多人参军参战，为革命牺牲的烈士有7000多人，其中有名有姓的烈士2319人。为缅怀革命先烈，1956年，民政部特批建立英山县烈士陵园，1958年落成。

陵园内收藏了100多份烈士档案，还保存了红军用过的杯子等革命文物198件。

英山县烈士陵园于1995年3月被湖北省人民政府公布为湖北省爱国主义教育基地。

英山县烈士陵园

黄冈革命烈士陵园

黄冈革命烈士陵园位于黄冈市团风县杜皮乡杜皮咀村鼻子岗山。

团风县于1996年建县，由原黄冈县的一部分建立。黄冈县具有光荣的革命传统，是著名的革命老区，在新民主主义时期有大批革命战士牺牲。

烈士陵园内的主要建筑有抗日游击五大队纪念馆、黄冈革命烈士纪念馆、烈士纪念碑、骨灰陈列室、牌坊式大门等。

黄冈革命烈士陵园于1997年10月被黄冈市人民政府公布为黄冈市文物保护单位，1995年3月被湖北省人民政府公布为湖北省爱国主义教育基地。

麻城市烈士陵园

麻城市烈士陵园位于黄冈市麻城市龙池桥街道办事处陵园路75号。

麻城是黄麻起义的重要策源地和红四方面军的发祥地之一，在革命战争年代，麻城有14万多名英雄儿女为革命捐躯，有6万余人先后参加红军，新中国成立后登记在册的革命烈士有13251人。

烈士陵园1979年建成，由黄麻起义和鄂豫皖苏区革命烈士纪念碑、麻城革命纪念馆、王树声纪念馆、王树声大将墓等几部分组成。

麻城市烈士陵园于1995年3月被湖北省人民政府公布为湖北省爱国主义教育基地。

黄麻起义和鄂豫皖苏区纪念园

黄麻起义和鄂豫皖苏区纪念园位于黄冈市红安县城关镇陵园大道1号。

1927年11月13日，中共黄麻区特委领导黄（安）麻（城）农民起义，逐步创建了鄂豫皖革命根据地。至1932年6月，鄂豫皖苏区建立了26个县的革命政权。

黄麻起义和鄂豫皖苏区纪念园的建设始于1956年。2007年，陵园改扩建工程基本完工。纪念园主要纪念建筑为"一碑两场五馆两园"，即黄麻起义和鄂豫皖苏区革命烈士纪念碑、纪念碑广场、英烈广场、将军墓园、老红军墓园、黄麻起义和鄂豫皖苏区革命历史纪念馆、黄麻起义和鄂豫皖苏区革命烈士纪念馆、董必武纪念馆、李先念纪馆、红安将军馆。

黄麻起义和鄂豫皖苏区纪念园于1997年7月被中央宣传部公布为全国爱国主义教育示范基地。

红安七里坪革命纪念馆

  红安七里坪革命纪念馆位于黄冈市红安县七里坪镇的列宁小学旧址。

  1925年,中共黄安特别支部成员王文煜等在此以办学为名,秘密开展革命活动。红安七里坪革命旧址保存完整,有革命旧址40余处。1977年,列宁小学旧址被改为七里坪革命史陈列馆。

  红安七里坪革命纪念馆于1988年1月被国务院公布为全国重点文物保护单位,2005年11月被中央宣传部公布为全国爱国主义教育示范基地。

黄麻起义会议遗址

　　黄麻起义会议遗址位于黄冈市红安县七里坪镇和平街37号。

　　旧址原为文昌宫，建于清朝，由灵官殿、文昌殿、佛殿、钟鼓楼和两个天井组成。

　　1927年9月中旬，中共黄安县委在此召开紧急会议，传达八七会议精神和中共湖北省委的指示，决定率先在农民运动基础较好的七里坪地区举行秋收暴动。

　　黄麻起义会议遗址于1988年1月被国务院公布为全国重点文物保护单位。

鄂豫皖边特区苏维埃政府旧址

鄂豫皖边特区苏维埃政府旧址位于黄冈市红安县七里坪镇八一村。

1930年3月20日，中共鄂豫皖边特委在箭厂河成立，郭述申任书记。1930年6月下旬，鄂豫皖边特区苏维埃政府成立，甘元景任主席。7月，鄂豫皖边特区苏维埃政府由河南光山王家湾迁此。

2004年，湖北省政府拨款对旧址进行了全面维修，室内增设了图片陈列，展示鄂豫皖边特区苏维埃政府成立后根据地的各项建设成就。

鄂豫皖边特区苏维埃政府旧址于1988年1月被国务院公布为全国重点文物保护单位。

秦基伟将军故居

秦基伟将军故居位于黄冈市红安县七里坪镇盐店河村。

秦基伟（1914—1997），1914年11月16日出生，1927年参加黄麻起义。1929年参加红军，1930年加入中国共产党，后参加了长征。抗日战争时期，任八路军第一二九师秦赖游击支队司令员。解放战争时期，任太行军区司令员。1949年任第二野战军十五军军长。新中国成立后，1955年被授予中将军衔，1988年被授予上将军衔。曾任国务委员、国防部长。1997年2月2日在北京逝世。

秦基伟将军故居于2008年3月被湖北省人民政府公布为湖北省文物保护单位。

中共麻城县委旧址

中共麻城县委旧址位于黄冈市麻城市龙池桥办事处陵园广场。

1925年，在武汉读书的麻城籍学生蔡济璜、刘文蔚等人先后加入中国共产党。同年夏，在武汉读书的麻城籍共产党员组成党的工作组，回到麻城发展党的组织。同年冬，中共麻城特别支部在县城无河桥统计所成立，1927年5月，麻城特支改为麻城县委员会，中共麻城县委员会在县城圣庙成立，书记蔡济璜，隶属于中共湖北省委。

中共麻城县委旧址于2008年3月被湖北省人民政府公布为湖北省文物保护单位。

中央农民运动讲习所学生军指挥部（乘马会馆）旧址

中央农民运动讲习所学生军指挥部（乘马会馆）旧址位于黄冈市麻城市乘马岗镇乘马岗村。

1926年9月，王树声、徐子清、廖荣坤等以筹建国民党区党部为名，秘密成立了中共乘马地区第一个党支部，同年冬在此成立了乘马区农民协会，乘马会馆成了农民运动的指挥中心。1927年5月，麻城惨案发生，毛泽东派武昌农讲所学生军驰援麻城，指挥部设在乘马会馆。

中央农民运动讲习所学生军指挥部（乘马会馆）旧址于1981年12月被湖北省人民政府公布为湖北省文物保护单位。

红二十五军军部旧址

红二十五军军部旧址位于黄冈市英山县陶家河乡陶家河村四组。

红二十五军军部旧址是1934年9月红四方面军在英山县陶家河设立军部时遗留的。1934年，鄂豫皖省委在总结第四次反"围剿"以来的教训之后，决定红二十五军到鄂豫皖革命根据地沿边地区进行恢复老区和开辟新区的活动。9月26日，部队进驻陶家河一带休整和开展群众工作。红二十五军军部设在郁氏祠，鄂豫皖省委和红二十五军在陶家河一带活动，历时42天。

红二十五军军部旧址于2008年3月被湖北省人民政府公布为湖北省文物保护单位。

红四方面军诞生地纪念碑

红四方面军诞生地纪念碑位于黄冈市红安县七里坪镇西门。

1931年11月7日，在庆祝十月革命的欢乐声中，中国工农红军第四方面军于此地宣告成立，下辖红四军、红二十五军和直属教导团3万余人，总指挥徐向前、政治委员陈昌浩。

红四方面军诞生地纪念碑于1979年10月修建，正面镌刻着徐向前元帅题写的"中国工农红军第四方面军诞生地"。

红四方面军诞生地纪念碑作为七里坪革命旧址群的一个文物点于1988年1月被国务院公布为全国文物保护单位。

李先念故居纪念馆

李先念故居纪念园

　　李先念故居纪念园位于黄冈市红安县高桥镇长丰村。

　　李先念（1909—1992），湖北红安人，1926年参加革命工作，1927年12月加入中国共产党。1927年11月参加黄麻起义。1941年初任新四军第五师师长兼政治委员。1945年10月起任中原军区司令员。新中国成立后，历任国务院副总理、中共中央副主席、中华人民共和国主席等职。

　　李先念故居纪念园于2006年5月被国务院公布为全国重点文物保护单位，李先念故居纪念馆于1995年3月被湖北省人民政府公布为湖北省爱国主义教育基地。

七里坪红二十八军军部旧址

红二十八军军部旧址位于黄冈市红安县七里坪镇盐店河村蔡家湾祠堂。

1937年7月27日，中国工农红军第二十八军在安徽省岳西县青天畈与国民党地方当局谈判，达成停止内战、一致抗日的协议。协议规定，鄂豫皖边区红军和便衣队的集合地点为湖北省黄安县七里坪。8月上旬，军政委高敬亭率二十八军及各地便衣队陆续来到七里坪。军部和手枪团随即驻于此地，高敬亭住在祠堂内。1938年3月8日，红二十八军整编成新四军第四支队，部队在七里坪河滩上召开东进誓师大会，离开七里坪。

2004年，红安县文物局曾对旧址进行了维修。红二十八军军部旧址作为七里坪革命旧址群的一个组成部分，于1988年1月被国务院公布为全国重点文物保护单位。

抗日军政干部训练班旧址

抗日军政干部训练班旧址位于黄冈市红安县七里坪镇罗畈村。

1937年10月至1938年6月，红二十八军和中共湖北省委先后在此举办抗日军政干部训练班。训练班学制是短期性的，每期人数不等，共举办5期，培训干部近600人。其中红二十八军举办的"抗日游击干部训练班"总计两期，学员共300余人。学员来自全国各地，结业后分配到新四军第四支队和鄂豫皖地区开展游击战争。

抗日军政干部训练班旧址于1992年12月被湖北省人民政府公布为湖北省文物保护单位。

抗日五大队指挥所旧址

　　抗日五大队指挥所旧址（革命洞）位于黄冈市浠水县三角山风景区管理处。

　　1940年8月，为开辟新的抗日根据地，张体学率部在三角山上的寺庙里歼灭敌顽蕲春县自卫队2个中队300余人。随后留下20多名县、区干部，帮助建立抗日根据地，成立三角山区委会和武装便衣队。

　　在抗日战争时期，张体学率部在鄂东进行游击战斗，始终将这里作为一个指挥所，创建三角山抗日根据地。中华人民共和国成立后，时任湖北省长张体学为此洞题写"革命洞"。

高山铺清水河战役烈士纪念碑

　　高山铺清水河战役烈士纪念碑位于黄冈市蕲春县漕河镇独山村。

　　1947年，刘邓大军千里跃进大别山。10月26—27日，在司令员刘伯承、政委邓小平的指挥下，晋冀鲁豫野战军第一、第六纵队及中原独立旅共17个团的兵力，在今漕河镇高山铺等3个村一带峡谷中，包围歼灭国民党整编四十师1.7万多人。此次战役中有800余名烈士英勇牺牲。

　　1987年，蕲春县委、县政府在战役所在地修建高山铺清水河战役烈士纪念碑。

　　高山铺清水河战役烈士纪念碑于1992年12月被湖北省人民政府公布为湖北省文物保护单位。

三、荆州革命旧址

中共鄂西特委旧址

中共鄂西特委旧址位于荆州市监利县周老嘴镇老正街118号。

1929年3月6日至7日，鄂西特委在江陵沙岗召开了第一次扩大会议。1930年7月，红二军团挺进周老嘴，鄂西特委机关迁驻于此。周逸群任特委书记。8月29日，鄂西特委在分盐镇回龙观周家祠堂召开了鄂西党的第三次代表大会，参加大会的有20多个县市的县、区、乡党组织代表100多人。

中共鄂西特委旧址于1988年1月被国务院公布为全国重点文物保护单位。

红四军军部、红二军团总部暨贺龙旧居

红四军军部、红二军团总部旧址暨贺龙旧居位于荆州市松滋市刘家场镇柳林河社区。

1928年至1929年底，在创建湘鄂边革命根据地的斗争中，贺龙曾率红四军多次进入松滋。1930年初，鄂西特委根据中央指示，决定红四军迅速东进公安、松滋一带与红六军会师，组成中国工农红军第二军团。5月8日，两支红军抵达松滋刘家场，进行了大量的宣传、组织群众的政治工作。

红四军军部、红二军团总部旧址暨贺龙旧居于2010年8月被松滋市人民政府公布为松滋市文物保护单位。

红六军军部旧址

红六军军部旧址位于荆州市监利县汪桥镇六军街190号。

1930年2月5日，红六军在汪桥建立，军部机关设在该民宅内。红六军是洪湖苏区建立的第一支正规军队，为湘鄂西苏维埃政权的建立，创造了极有利的条件，在湘鄂西革命斗争中发挥了巨大的作用。军部的组织非常简单，只有参谋处与副官处。由于人员缺乏，军部的直属部队，只有一个教导队，专门训练作为下级干部的人才，是随营训练的性质。

红六军军部旧址于1992年12月被湖北省人民政府公布为湖北省文物保护单位。

红六军政治部旧址

红六军政治部旧址位于荆州市监利县汪桥镇。

1930年2月，红六军进驻汪桥，军部设此。军长孙德清（后由邝继勋接任），政委周逸群，副军长段德昌，参谋长许光达。第一纵队司令段德昌兼，第二纵队司令段玉林。政治部是红六军的重要机构。红六军组建了前敌委员会以加强党对军队的领导。红六军政治部指导成立了士兵委员会，制定了优待俘虏、瓦解敌军的政策。

红六军政治部旧址于1992年12月被湖北省人民政府公布为湖北省文物保护单位。

石首市红军树革命烈士纪念园

石首市红军树革命烈士纪念园位于荆州市石首市桃花山镇鹿角头凤凰山。

1930年10月，贺龙等到桃花山视察扩军工作时，看到大树上刻的"中国共产党万岁""打土豪、分田地"等标语不怕风吹雨淋，经久不毁。贺龙高兴地说："我看这几棵树就叫'红军树'！"

1976年，桃花山公社党委在红军树下建起了红军树纪念亭和纪念碑。2007年，桃花山镇筹资重新修建了红军树革命烈士纪念园。

石首市红军树革命烈士纪念园于1999年2月被湖北省人民政府公布为湖北省爱国主义教育基地。

红三军军部旧址

红三军军部旧址位于荆州市监利县新沟镇解放街12号。

1931年3月，根据党中央的指示精神，决定将中国工农红军第二军团，改编为中国工农红军第三军。贺龙任军长，邓中夏任政委，下辖第七、第八、第九师三个师，红三军军部设在新沟嘴。在这里贺龙、段德昌制定了出击襄北、扩大苏区的战略。1932年5月13日，贺龙、段德昌指挥了新沟嘴大捷战。

红三军军部旧址于1988年1月被国务院公布为全国文物保护单位。

中共湘鄂西中央分局旧址

中共湘鄂西中央分局旧址位于荆州市监利县周老嘴镇老正街94号。

1931年3月27日，中共湘鄂西中央分局在监利县桥市镇安桥村成立，夏曦任书记。4月，段德昌率湘鄂西独立团由桥市出发，先后攻克柳关、瞿家湾、峰口镇，收复周老嘴、新沟嘴和老新口等地，并取得了余家埠大捷。1931年7月，湘鄂西中央分局迁至周老嘴老正街94号。

中共湘鄂西中央分局旧址于1988年1月被国务院公布为全国重点文物保护单位。

周老嘴湘鄂西革命根据地纪念馆

周老嘴湘鄂西革命根据地纪念馆位于荆州市监利县周老嘴镇。

1931年7月，湘鄂西中央分局和湘鄂西临时省委由瞿家湾迁到周老嘴，湘鄂西省和红二军团的重要机关都曾设在此地。周老嘴古镇小街及其附近现保存有湘鄂西革命根据地省委、省苏维埃政府和红二军团等重要机关旧（遗）址52处。

周老嘴旧址于1988年1月被国务院公布为全国重点文物保护单位，周老嘴湘鄂西革命根据地纪念馆于2005年11月被中央宣传部公布为全国爱国主义教育示范基地。

周老嘴

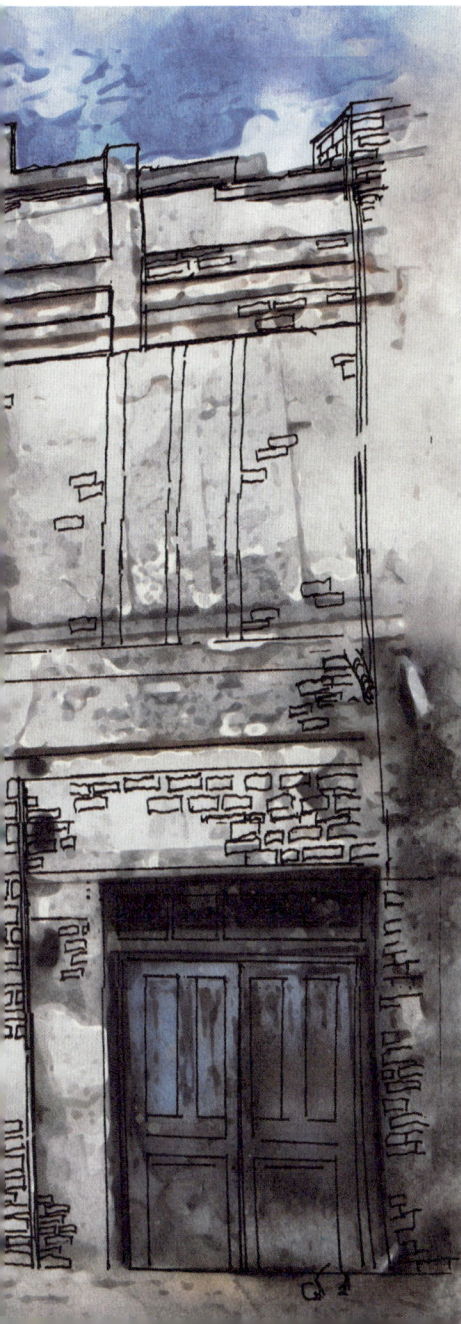

沙岗湘鄂西革命根据地旧址

　　沙岗湘鄂西革命根据地早期旧址群位于江陵县沙岗镇红军街及周边乡村。

　　1928年1月23日，中共鄂西特委和中共江陵县委领导发动了沙岗年关暴动。暴动成功后，地处边远的沙岗湖区成为红色区域。1928年至1932年，鄂西特别委员会、鄂西苏维埃政府、鄂西苏维埃联县政府、江陵县苏维埃政府、鄂西少共总部等领导机关驻集于沙岗镇。

　　沙岗湘鄂西革命根据地早期旧址群于2008年3月被湖北省人民政府公布为湖北省文物保护单位。

荆州市烈士陵园

荆州市烈士陵园位于荆州市沙市区红门路55号。

荆州市烈士陵园于1959年为纪念在各个革命时期斗争中英勇献身的先烈们而修建。瞻仰区内建有30多米高的革命英雄纪念碑。纪念碑正后方是公墓亭，安葬有400多名为沙市解放而牺牲的无名先烈。纪念碑的南侧建有革命历史事迹展览馆，馆内展示着贺龙、周逸群、段德昌、李先念等在这里领导荆州人民进行艰苦卓绝的革命斗争历程。

荆州市烈士陵园于1995年3月被湖北省人民政府公布为湖北省爱国主义教育基地。

烈士精神永垂不朽

瞿家湾

瞿家湾湘鄂西革命根据地旧址

瞿家湾湘鄂西革命根据地旧址位于荆州市洪湖市瞿家湾镇。

洪湖市瞿家湾是湘鄂西苏区首府所在地。1927年至1934年，以贺龙、周逸群、段德昌为代表的革命先驱，在中国共产党的领导下创建了以洪湖苏区为中心的湘鄂西革命根据地。

洪湖瞿家湾湘鄂西革命根据地旧址群共有代表性建筑39处，它们大部分集中在瞿家湾镇红军街（老街）和沿河路街道南北两边，其余散布在附近村湾，瞿家湾修建有湘鄂西苏区瞿家湾革命烈士纪念碑。

湘鄂西苏区革命烈士陵园

湘鄂西苏区革命烈士陵园位于荆州市洪湖市新堤办事处沿江路。

湘鄂西苏区是土地革命战争时期由贺龙、周逸群、段德昌等领导开创的著名革命根据地，它以洪湖地区为中心，由洪湖、湘鄂边、鄂西北、襄枣宜、巴归兴等几块革命根据地组成。

1978年10月，中共湖北省委决定在湘鄂西苏区革命根据地的中心洪湖建立湘鄂西苏区烈士陵园。1984年11月，湘鄂西苏区革命烈士陵园落成。

湘鄂西苏区革命烈士陵园于1995年3月被湖北省人民政府公布为湖北省爱国主义教育基地。

监利县革命历史博物馆

　　监利县革命历史博物馆位于荆州市监利县容城镇沿江大道2号。

　　监利县革命历史博物馆于1986年11月正式开馆。该馆占地面积1.4万平方米，其主体建筑由门楼、展览大楼、泛鹅碑廊三大仿古建筑组成。博物馆陈列土地革命战争时期贺龙、周逸群、段德昌等老一辈无产阶级革命家创建湘鄂西革命根据地的革命史迹和遗存下来的实物。也陈列监利历史沿革、民俗文物。共计展出藏品1000余件。

　　监利县革命历史博物馆于1999年2月被湖北省人民政府公布为湖北省爱国主义教育基地。

荆和烈士陵园

荆和烈士陵园位于荆州市公安县杨家厂镇荆和村。

荆和村是一个具有光荣革命历史的村落，覃济川、郑绍孔、尹泽彪等13位革命前辈出生于此。

1990年荆和村人民把分散掩埋在外地的十几位烈士的忠骨接回故里，修建了这座庄严肃穆的烈士陵园。烈士陵园于1990年12月建成，园内安葬革命烈士18人。

荆和烈士陵园于1999年2月被湖北省人民政府公布为湖北省爱国主义教育基地。

淡川街革命烈士纪念碑

四、孝感革命旧址

汉川革命烈士纪念碑

汉川革命烈士纪念碑位于孝感市汉川市城区仙女山风景区仙女山。

辛亥革命以来，汉川参加革命的群众近6万人献出了宝贵的生命。新中国成立时，汉川民政局统计在册烈士有3578人，其中新中国成立以前牺牲的烈士有3523人，新中国成立后牺牲的有55人。

汉川县人民政府于1996年12月18日在仙女山西侧修建了汉川革命烈士纪念碑。

汉川革命烈士纪念碑于2005年8月被汉川市人民政府公布为汉川市爱国主义教育基地。

鄂豫边区革命烈士陵园

　　鄂豫边区革命烈士陵园位于孝感市大悟县城关镇河东岸江岗山西麓。

　　大革命和土地革命战争时期，这里的革命斗争如火如荼，建立起苏维埃政权。在漫长的革命战争岁月里，大悟县先后就有7万多人为新中国的诞生献出了宝贵生命，在册革命烈士有8000多人。

　　鄂豫边区革命烈士陵园于1974年动工兴建，1984年11月落成。主体建筑有鄂豫边区革命烈士纪念碑、纪念堂、中原突围烈士纪念碑。

　　鄂豫边区革命烈士陵园于1995年3月被湖北省人民政府公布为湖北省爱国主义教育基地。

大悟县革命博物馆

大悟县革命博物馆位于孝感市大悟县城关镇广场后巷2号。

在新民主主义革命时期，英勇的大悟人民坚持了不屈不挠的革命斗争，先后有16万多人参加革命，有7万多英雄儿女献身，为中华人民共和国的诞生做出了巨大牺牲和贡献。

大悟县革命博物馆于1978年动工兴建，1981年竣工。博物馆馆藏文物1316件（革命文物333件，历史文物983件套），其中，一级文物3件，二级文物17件，三级文物31件。

大悟县革命博物馆于1999年2月被湖北省人民政府公布为湖北省爱国主义教育基地。

新四军豫鄂挺进纵队司令部暨京安县抗日民主政府成立旧址

　　新四军豫鄂挺进纵队司令部暨京安县抗日民主政府成立旧址位于孝感市安陆市王义贞镇钱冲国家古银杏森林公园。

　　1940年3月，豫鄂挺进纵队司令部进驻腊树湾。钱冲成为边区党委、纵队（后为五师）军政首脑机关的所在地。1942年2月6日，京安县第一次行政代表大会在钱冲腊树湾召开，会议选举产生了"三三制"的京安县抗日民主政府。

　　新四军豫鄂挺进纵队司令部暨京安县抗日民主政府成立旧址于2008年3月被湖北省人民政府公布为湖北省文物保护单位。

孝感烈士陵园

　　孝感烈士陵园位于孝感市孝南区书院街光明村。

　　孝感是一片红色的沃土。在革命战争年代，孝感曾经分属鄂豫皖苏区和湘鄂西苏区，又长期是鄂豫边区抗日民主根据地的指挥中心，为新四军第五师的重要活动地域。许多老一辈无产阶级革命家在这块光荣的土地上战斗过。

　　1952年建立了孝感烈士陵园。2006年，由于烈士祠的整体拆迁，在孝南区书院街光明村建成了占地面积30亩的南园。

　　孝感烈士陵园于1995年3月被湖北省人民政府公布为湖北省爱国主义教育基地。

徐海东故居

徐海东故居位于孝感市大悟县新城镇江冲村黄家窑。

徐海东（1900—1970），1925年加入中国共产党，参加过北伐战争、黄麻起义、红军长征，曾任红四方面军独立师师长，八路军一一五师三四四旅旅长，新四军江北指挥部副指挥兼第四支队司令等职。1955年被授予大将军衔，荣获一级八一勋章、一级独立自由勋章、一级解放勋章。1970年3月25日逝世。

徐海东故居于2008年3月被湖北省人民政府公布为湖北省文物保护单位。

大悟新四军第五师纪念馆

大悟新四军第五师纪念馆位于孝感市大悟县城东南 34 千米处的大悟山南麓。

大悟新四军第五师旧址群由 22 处旧址组成，分布于以白果树湾为中心，方圆 5 千米范围的 11 个自然村。

1941 年 4 月，新四军豫鄂挺进纵队改编为新四军第五师。5 月，新四军第五师司政机关移驻大悟山中的白果树湾，直到抗日战争胜利结束。

大悟新四军第五师旧址群于 1996 年 11 月被国务院公布为全国重点文物保护单位，2005 年 11 月被中央宣传部公布为全国爱国主义教育示范基地。

赵家棚抗日烈士陵园

赵家棚抗日烈士陵园位于孝感市安陆市赵棚镇赵棚集镇薛家山。

1939年5月，李先念率新四军豫鄂游击大队，从河南竹沟南下达到赵家棚后，开始创建以赵家棚为中心的安陆、应山、孝感三县接壤区的敌后抗日民主根据地。抗日战争时期，在赵家棚地区牺牲的抗日烈士700余人。

1985年10月竣工的赵家棚抗日烈士陵园由抗日烈士纪念碑、文物陈列室、怀念亭等建筑物组成。

赵家棚抗日烈士陵园于1999年2月被湖北省人民政府公布为湖北省爱国主义教育基地。

汤池训练班旧址

汤池训练班旧址位于孝感市应城市汤池镇。

1937年11月，中共中央驻武汉代表董必武同爱国进步人士、国民党湖北省建设厅厅长兼农村合作事业委员会主任石瑛协商，在应城汤池开办湖北省农村合作事业指导员训练班（简称汤池训练班），培养一批抗日干部。1937年12月至1938年10月武汉沦陷，在陶铸等主持下训练班和临时学校先后培养了近600名抗日干部。

汤池训练班旧址于1992年12月被湖北省人民政府公布为湖北省文物保护单位，1999年2月被湖北省人民政府公布为湖北省爱国主义教育基地。

中国抗日军政大学第十分校旧址

中国抗日军政大学第十分校旧址位于孝感市孝昌县小悟乡向阳村阳家燕窝湾。

中国抗日军政大学第十分校于1943年3月8日从外地迁入燕窝湾，李先念任校长，杨焕民任副校长。抗大主要培训部队干部，每期约1000人。在抗大第十分校办学精神的鼓舞下，根据地各级政府也领导群众办起了各种类型的学校或识字班，以提高人民群众的政治觉悟和文化水平。

中国抗日军政大学第十分校旧址于2002年11月被湖北省人民政府公布为湖北省文物保护单位。

大悟宣化店中原军区旧址

　　大悟宣化店中原军区旧址位于孝感市大悟县东北部的宣化店镇。

　　宣化店是大别山区鄂豫两省边陲的重镇。抗日战争胜利后，由李先念、郑位三、王震、王树声等领导的中共中央原局、中原解放区行政公署、中原军区司令部驻在这里。国民党反动派调集30万兵力，将中原军区部队主力层层包围在以宣化店为中心、方圆不过百余里的狭小地区。

　　大悟宣化店中原军区旧址于2006年5月被国务院公布为全国重点文物保护单位，2005年11月被中央宣传部公布为全国爱国主义教育示范基地。

宣化店纪念馆（周恩来同志与美蒋代表谈判旧址）

宣化店纪念馆（周恩来同志与美蒋代表谈判旧址）位于孝感市大悟县宣化店镇河西村。

抗日战争胜利后，中原解放区的形势日趋恶化，极可能成为全面内战的爆发点。面对中原解放区的严峻局面，周恩来电告马歇尔，提议同到宣化店视察。在周恩来的据理力争下，马歇尔不得不同意派军调部执行处处长白鲁德（美国人）代表其和国民党军令部部长徐永昌一道随同周恩来到宣化店视察。1946年5月8日，周恩来、白鲁德一行抵达宣化店，在宣化店湖北会馆举行军事调停会议。李先念历数国民党军破坏停战协议的事实，揭露国民党假和谈、真备战的阴谋。周恩来在会上严肃指出，

中原战争如果爆发，必将宣布和谈结束，成为内战的起点。迫于事实和中外舆论的压力，美方及国民党方代表被迫同中共代表签订了制止中原内战的《汉口协议》。宣化店谈判打破了蒋介石集团"围歼"部队的计划，为中原突围赢得了时间。

宣化店纪念馆（周恩来同志与美蒋代表谈判旧址）于2006年5月被国务院公布为全国重点文物保护单位，2005年11月被中央宣传部公布为全国爱国主义教育示范基地。

新四军第五师建军纪念碑

　　新四军第五师建军纪念碑位于孝感市安陆市王义贞镇唐僧村彭家祠堂。

　　1941年1月20日，中共中央发布重建新四军军部的命令，其中新四军豫鄂挺进纵队组编为新四军第五师。1941年4月5日下午，在彭家祠堂东侧之团山脚下的一块场地上召开成立大会，李先念发表讲话，庄严宣告新四军第五师正式成立。

　　彭家祠堂于1971年拆毁。1981年，中共安陆县委、县政府在彭家祠堂原址建立五师建军纪念碑。2003年7月，中共安陆市委、市人民政府在原址重建纪念碑，并增建了广场。

柏树黄抗日烈士纪念碑

柏树黄抗日烈士纪念碑位于孝感市安陆市巡店镇桃李村柏树黄湾。

1940年8月18日，新四军豫鄂挺进纵队直属被服厂迁于安陆西南重要集镇——桑树店东南5里之柏树黄湾。9月9日，柏树黄湾遭到驻应城日伪军的包围偷袭，敌人在此制造了大屠杀。1974年安陆县人民政府在柏树黄湾后山岗上建造了纪念碑和纪念馆。2005年，安陆市政府重建纪念碑并加以扩建，建成占地50余亩的柏树黄烈士陵园。

柏树黄抗日烈士纪念碑于1982年1月被安陆县人民政府公布为安陆县文物保护单位。

中共湖北省委、省政府、省军区旧址

中共湖北省委、省政府、省军区旧址位于孝感市孝昌县花园镇牌坊村孙畈西湾3—12号。

1949年3月，中共中央中原局根据中共中央指示，决定成立中共湖北省委、省人民政府、省军区。5月20日，中共湖北省委、省人民政府、省军区正式在花园镇成立，相关工作人员开始办公，机构开始运转，并将孙家畈祠堂设为办公地点。

中共湖北省委、省政府、省军区旧址于2002年11月被湖北省人民政府公布为湖北省文物保护单位。

五、襄阳革命旧址

鄂北第一个党小组活动地程坡井遗址

鄂北第一个党小组活动地程坡井遗址位于襄阳市枣阳市琚湾镇高庵村程坡组。

1925年春，程克绳受党组织派遣成立程坡党小组。为了保密，程克绳经常夜晚召集当地革命积极分子和党员在程坡庄东南边田野的一口井旁开会、谋事，为防泄密，与会者常趴在井旁，对井讲话。

2006年，当地政府对井进行了整修，立有程坡井纪念碑。

鄂北第一个党小组活动地程坡井遗址于2009年12月被襄阳市人民政府公布为襄阳市爱国主义教育基地。

荆山农民起义烈士陵园

　　荆山农民起义烈士陵园位于襄阳市南漳县薛坪镇薛家坪村。

　　1927年12月，荆山县委决定发动荆山农民起义。1928年3月13日晚，起义在薛坪镇薛家坪村开展。4月14日成立薛坪苏维埃政府。农民革命武装与国民党县政府、土豪劣绅武装多次作战，粉碎敌人四次"围剿"。4月17日，荆山农民起义失败。

　　1984年，当地政府出资修建了荆山农民起义烈士陵园。

　　荆山农民起义烈士陵园于2006年9月被南漳县人民政府公布为南漳县文物保护单位。

襄阳县苏维埃政府旧址

襄阳县苏维埃政府旧址位于襄阳市襄州区峪山镇姚岗村。

1930年秋，中国工农红军第九军二十六师开创了鄂北革命根据地，在峪山镇姚岗村成立了襄阳县苏维埃政府。县苏维埃政府由赵英任主席，首任党代表朱佑文。襄阳县苏维埃政府成立后，领导苏区人民开展土地革命，配合红九军二十六师反"围剿"，不仅为保卫和扩大鄂北苏区做出贡献，而且有力地支援了湘鄂西、鄂豫皖根据地的斗争。

襄阳县苏维埃政府旧址于1984年10月被襄阳市人民政府公布为襄阳市文物保护单位。

薤山革命旧址

薤山革命旧址位于襄阳市谷城县薤山旅游度假区。

薤山，是土地革命战争时期中共谷城地下党组织活动的中心区域。特别是1930—1931年，贺龙率红三军转战薤山，以大薤山为中心的红色革命根据地逐渐形成。当时，中共谷城县委设在薤山一幢西洋别墅内，谷城县苏维埃政府设在薤山避暑别墅内，薤山红军游击司令部设在薤山避暑别墅内。

薤山革命旧址于1999年2月被湖北省人民政府公布为湖北省爱国主义教育基地。

襄阳市革命烈士陵园

　　襄阳市革命烈士陵园位于襄阳市襄城区铁佛寺路60号。

　　襄阳市革命烈士陵园是1950年为缅怀在解放襄樊战役中英勇牺牲的先烈们修建的。园内建有革命烈士墓，墓中安葬的是解放襄樊战役中英勇牺牲的103位无名烈士以及大革命时期和土地革命战争时期牺牲的先烈们的遗骨。半山腰安葬有中华人民共和国成立后因公牺牲的烈士。

　　襄阳市革命烈士陵园于1983年3月被襄樊市人民政府公布为襄樊市文物保护单位，1995年3月被湖北省人民政府公布为湖北省爱国主义教育基地。

徐窝革命烈士陵园

徐窝革命烈士陵园位于襄阳市襄州区张家集镇徐窝村。

1928年黄龙暴动后，徐窝成为我党在襄东重要的革命基地。1930年，徐窝村党组织领导人徐化龙和其他党员一起组织了蔡阳铺暴动，扩大了革命根据地。抗日战争时期，徐化龙受党组织委托，在徐窝建立了党的地下联络站。

1996年，地方政府筹建革命烈士陵园，竖立烈士纪念碑。陵园内烈士公墓安葬了30多名烈士。

徐窝革命烈士陵园于1999年2月被湖北省人民政府公布为湖北省爱国主义教育基地。

枣阳市革命烈士陵园

　　枣阳市革命烈士陵园位于襄阳市枣阳市园林路3号。

　　枣阳市是革命老区县（市）。1925年组建枣阳中共党组织，在历次革命战争中，枣阳军民前仆后继，浴血奋战，牺牲干部群众3万多人，已被追认为革命烈士的有1852人，其中县团级以上的有86人。

　　烈士陵园于1976年开始兴建，1980年竣工。纪念碑碑座占地面积900平方米，碑身高23.5米。

　　枣阳市革命烈士陵园于1999年2月被湖北省人民政府公布为湖北省爱国主义教育基地。

鄂豫边革命委员会遗址

　　鄂豫边革命委员会遗址位于襄阳市枣阳市琚湾镇古城村。

　　1930年9月，中共中央指示将鄂北特委与鄂南特委合并为鄂豫边特委，同时成立鄂豫边革命委员会，程克绳任主席，机关驻地设在翟家古城的关帝庙。1927年至1932年，翟家古城是鄂北革命的中心。关帝庙现已损毁，仅剩有建筑地基和老城墙残迹。

　　鄂豫边革命委员会遗址于1992年12月被湖北省人民政府公布为湖北省文物保护单位，1998年12月被襄阳市人民政府公布为襄阳市爱国主义教育基地。

中原突围苍峪大捷遗址

中原突围苍峪大捷遗址位于襄阳市谷城县石花镇苍峪村。

1946年7月21日上午9时许，王树声率领的中原南路突围部队突围至谷城县石花镇西南5千米处的苍峪沟时，遭遇国民党整编第六十六师一八五旅五五三团和整编第十五师六十四旅一四五团六个连的夹击。先头部队与国民党军展开激战，至黄昏时将敌击溃。

这一胜利是中原南路突围部队进入鄂西北以后取得的首次大胜。为此，中央军委于7月24日专门发出贺电："庆祝你们粉碎敌一个团又六个连的大胜利。"

老河口革命烈士陵园

老河口革命烈士陵园位于襄阳市老河口市东百花山。

1949年，老河口经历了三次艰苦的解放战斗。三次解放老河口的战斗中，牺牲了许多革命英烈。

老河口革命烈士陵园于1960年8月竣工，整个园林建筑面积260平方米。在百花山半山腰，修建十月革命烈士纪念碑一座，碑高3.5米，面西而立，正面碑文是"革命烈士纪念碑"，碑的背面镌刻有103位为老河口解放事业而献身的革命英烈姓名。山顶建有6.8米高的六角式琉璃瓦纪念亭，亭内正中竖立一块刻有"浩气长存"的石碑。

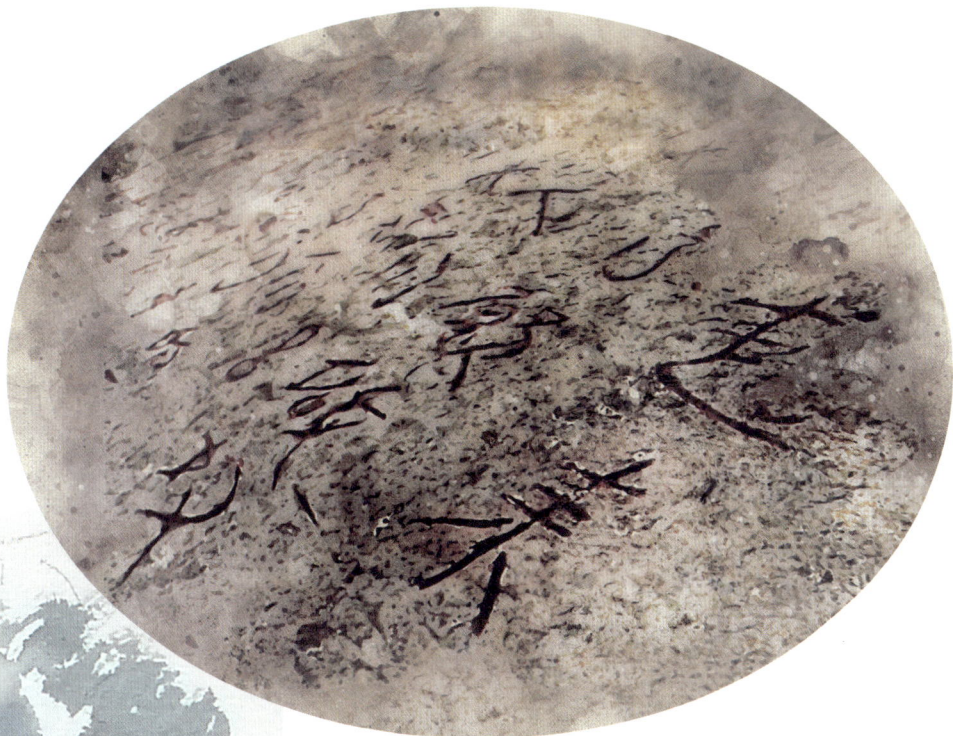

石鼓山革命标语

石鼓山革命标语位于襄阳市枣阳市新市镇火青村。

1937年，日本帝国主义发动全面侵华战争，革命志士黄民醒返回故里，协助胞姐黄海明组织青年学生前往延安学习。临行前他在故乡石鼓山上刻下革命标语以铭其志，标语为楷书阴刻，包括"全世界无产者联合起来"等五幅。经过几十年风吹日晒，标语字迹至今仍清晰可见。

石鼓山革命标语于1992年12月被湖北省人民政府公布为湖北省文物保护单位，1999年12月被枣阳市人民政府公布为枣阳市爱国主义教育基地。

肖堰烈士陵园

肖堰烈士陵园位于襄阳市南漳县肖堰镇肖家堰村。

抗战时期，何基沣任国民党三十三集团军七十一军军长兼一七九师师长。1940年11月下旬至次年2月初，一七九师与日军曾在此地反复作战，其间设伏并当场击毙日首横山少将。何基沣曾在南漳肖家堰修建抗日烈士陵园（时称"义园"）。

1968年，为纪念在此地战斗牺牲的解放军战士，在义园的基础上修建了肖堰烈士陵园。

肖堰烈士陵园于1984年9月被南漳县人民政府公布为南漳县文物保护单位。

鄂西北区党委、手纺织训练所旧址

鄂西北区党委、手纺织训练所旧址位于襄阳市谷城县茨河镇下街。

1939年4月，中共鄂西北区委员会为适应抗日战争形势发展，从襄阳市区迁至汉江南岸江边的谷城县茨河镇下街，1939年底撤离，以谷城为阵地活动近2年时间，领导了鄂西北15县的抗日工作，并在此创办手纺织训练所。

鄂西北区党委、手纺织训练所旧址于2008年3月被湖北省人民政府公布为湖北省文物保护单位。

解放襄阳西门登城突破口遗址

解放襄阳西门登城突破口遗址位于襄阳市襄城区西街西段。

1948年7月，参战的中原野战军六纵、桐柏军区、陕南军区等部共15个团2万余人，完成了对襄阳城的合围。襄阳城地势险要，国民党军防守严密。解放军久攻不下。

7月15日，解放军用炮火近距离向西门及两侧做摧毁性轰击。突击队战士英勇冲锋，登上城墙并控制了突破口，接应后续部队突入城内。7月16日，襄阳城内守敌全部被歼，襄樊战役取得最后胜利。

中共大冶中心县委旧址

中共大冶中心县委旧址位于黄石市大冶市殷祖镇南山村。

1929年2月，湖北省委根据党中央以大冶为中心的指示精神，在金公祠成立中共大冶中心县委，县委书记吴致民。1929年6月30日，吴致民、徐策等人在金公祠策划、组织1万多名青壮年农民，成功举行刘仁八武装暴动，巩固了以南山头为中心的大冶革命根据地，为鄂东南地区革命斗争拉开了序幕。

中共大冶中心县委旧址于2008年3月被湖北省人民政府公布为湖北省文物保护单位。

中共鄂东南特委旧址和龙港革命历史纪念馆

中共鄂东南特委旧址和龙港革命历史纪念馆位于黄石市阳新县龙港镇新街61号。

1931年8月，鄂东、鄂南各县党的负责人联席会议在龙港桂盛坛召开，根据中共中央指示会议决定撤销鄂东、鄂南两特委，成立中共鄂东南特委，隶属中共湘鄂赣省委。中共鄂东南特委旧址和龙港革命历史纪念馆作为龙港革命旧址的一个文物点，于2001年6月被国务院公布为全国重点文物保护单位，2009年5月被中央宣传部公布为全国爱国主义教育示范基地。

下陆工人俱乐部旧址

下陆工人俱乐部旧址位于黄石市下陆区下陆湾。

1922年10月下旬，在中共（黄石）港（石灰）窑（袁家）湖支部的领导和郭亮、陈天及安源代表朱少连的指导帮助下，下陆工人俱乐部在下陆机修厂附近的下陆湾（现老下陆火车站前）召开成立大会，这是黄石地区第一个工人俱乐部。

黄石地区各厂矿工人代表参加了大会，参加大会的工人将近万人。大会选举赫惠林为工人俱乐部主任，另设一支28人的敢死队。参加俱乐部的工人有505人，办公地点设在老下陆细屋学堂。

鄂东南彭杨学校旧址

鄂东南彭杨学校旧址位于湖北省阳新县龙港镇龙港新街彭杨中学内。

1930年5月，彭德怀率红五军进驻龙港时，为加强红军军事、政治和干部队伍建设，并为纪念彭湃、杨殷二位烈士，建议中共鄂东南特委创办彭杨学校。彭杨学校是一所培训军事干部的学校，学员多为红军排级以上干部和优秀战士，每期达四五百人。1932年9月，彭杨学校改为随营学校而迁走。

鄂东南彭杨学校旧址于2001年6月被国务院公布为全国重点文物保护单位。

中共鄂东南第一次党代会会址

    中共鄂东南第一次党代会会址位于黄石市阳新县洋港镇潮坑村。

    1932年6月，鄂东、鄂南、赣北苏区连成一片。鉴于这一形势，中共鄂东道委根据湘鄂赣省委指示，商定成立鄂东南道委，统一领导鄂东南地区的革命斗争。8月14日，鄂东南第一次党员代表大会在龙港余家祠召开。会议宣布成立中共鄂东南道委，会议选举产生了道委执行委员17名，方步舟任书记。

    中共鄂东南第一次党代会会址于1981年12月被湖北省人民政府公布为湖北省文物保护单位。

龙港革命旧址群

　　龙港革命旧址群位于湖北省阳新县西南部的龙港镇，地处湖北的阳新、通山和江西的武宁、瑞昌4县交界处。

　　1927年9月，中国共产党在龙港领导秋收暴动，实行工农武装割据。1929年至1930年，彭德怀等率红五军先后进驻龙港，开创鄂东南革命根据地。此后，鄂东特委、鄂东南特（道）委先后在龙港设立。是时，龙港成为鄂东南革命根据地政治、军事、经济、文化中心。

　　龙港革命历史纪念馆建于1976年。位于龙港镇新街西侧，前临106国道，后倚风景秀丽的狮子山，与龙港烈士陵园毗邻。

红三军团建军纪念馆

　　红三军团建军纪念馆位于黄石市大冶市刘仁八镇中心小学。

　　1930年6月16日，红五、红八军军委在大冶刘仁八三房村土豪刘风成的一栋楼房里召开扩大会议，会议传达了中共中央关于扩编红军和进攻武昌的指示。根据中央指示，红五、红八军军委扩大会议决定正式成立红三军团。红三军团由彭德怀任总指挥，滕代远任政治委员，下辖第五、第八军两军。

　　红三军团建军纪念馆于2006年5月被国务院公布为全国重点文物保护单位，1999年2月被湖北省人民政府公布为湖北省爱国主义教育基地。

湘鄂赣边区鄂东南革命烈士陵园

湘鄂赣边区鄂东南革命烈士陵园位于黄石市阳新县兴国镇。

阳新是一块烈士鲜血染成的红色土地，红三军团在此建立。湘鄂赣边区鄂东南21个县市在大革命时期牺牲的3万烈士、土地革命战争时期牺牲的20万烈士、抗日战争中牺牲的5万烈士和解放战争中牺牲的3万烈士，共31万革命先烈牺牲于此。

湘鄂赣边区鄂东南革命烈士陵园1986年落成，1995年3月被湖北省人民政府公布为湖北省爱国主义教育基地。

七、十堰革命旧址

房县苏维埃政府旧址

房县苏维埃政府旧址位于十堰市房县城关镇西街27号。

1931年6月8日，贺龙等率领红三军（原红二军团）主力攻克房县。房县红色区域范围不断扩大，先后建立了县苏维埃政府和14个区、105个乡苏维埃政府，以房县为中心的鄂西北革命根据地正式形成并日益巩固。房县苏维埃政府设在西街天主堂，主席余之恒、副主席李明铨。

房县苏维埃政府旧址于1992年12月被湖北省人民政府公布为湖北省文物保护单位，1999年2月被湖北省人民政府公布为湖北省爱国主义教育基地。

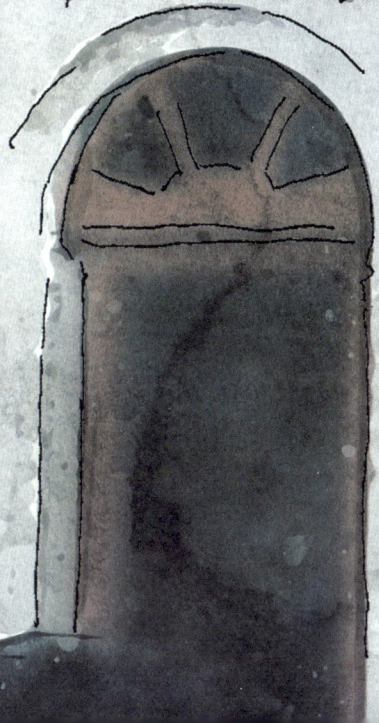

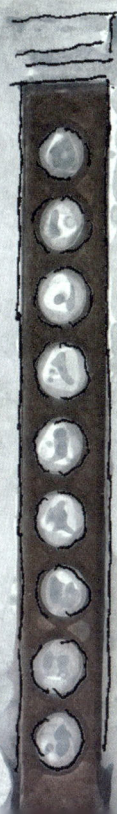

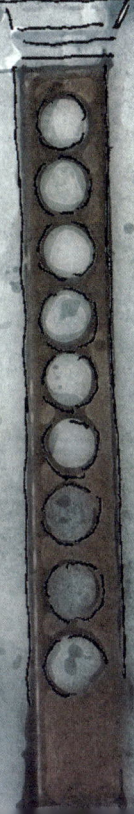

郧阳南化塘烈士陵园

　　郧阳南化塘烈士陵园位于十堰市郧县南化塘南化村胡家岩泰山庙山头。

　　1932年，徐向前、陈昌浩率领红四方面军西征，在南化塘创建革命根据地。新民主主义革命时期，先后有6支人民军队在此开展武装斗争或创建革命根据地。1986年，南化塘义务投工投劳修建了南化塘革命烈士陵园，革命烈士陵园现占地4000平方米。

　　郧阳南化塘烈士陵园于2010年8月被鄂阳县人民政府公布为鄂阳县文物保护单位，1999年2月被湖北省人民政府公布为湖北省爱国主义教育基地。

郧阳革命烈士陵园

　　郧阳革命烈士陵园位于十堰市郧县城关镇杨家岭1号兴郧路社区杨家山。

　　1979年，郧县将烈士陵园迁建于新城正北部杨家岭。新郧阳革命烈士陵园依山而建，占地100多亩。烈士陵园中纪念碑为钢筋混凝土砖石结构，略呈正四棱台型，碑身高24.8米，石碑镌刻着1609位烈士英名。陈列室29块展板上详细记载着丹江口、郧县、郧西、房县、竹山、竹溪等县市革命斗争史。

　　郧阳革命烈士陵园于1995年3月被湖北省人民政府公布为湖北省爱国主义教育基地。

红三军司令部及红三军后方医院旧址

红三军司令部及红三军后方医院旧址位于十堰市武当山景区武当山紫霄宫。

1931年，红三军主力部队移师武当山进行短期休整。红三军进驻紫霄宫，他们遵照省委"尊重宗教，保护殿宇"的指示行事。道人称赞"这样的仁义之师，亘古未有"。武当道总徐本善把紫霄宫父母殿西耳房腾出，供红三军司令部和军长贺龙使用，将西宫道院作为红三军后方医院。

红三军司令部及红三军后方医院旧址（紫霄宫）于1982年2月被国务院公布为全国重点文物保护单位。

房县红军烈士塔

  房县红军烈士塔位于十堰市房县城关镇联观村（在城南凤凰山上）。

  1931年，贺龙率领红军挺进房县，在这里建立了鄂西北根据地，在历次战斗中，不少同志献出了宝贵的生命。为了悼念牺牲的同志，柳直荀亲自率领军干校的学员于1931年7月将烈士们的遗体集中安葬在凤凰山上，兴建了烈士公墓，在墓前立了苏维埃红军烈士纪念碑。

  1958年，房县县委决定重修红军烈士墓，并立塔纪念。

  房县红军烈士塔于2002年6月被房县人民政府公布为房县文物保护单位。

红三军司令部驻地、均县苏维埃政府旧址

　　红三军司令部驻地、均县苏维埃政府旧址位于十堰市丹江口市官山镇吕家河村。

　　1931年8月25日，贺龙率部由房县速往谷城奇袭了敌五十一师粮仓弹药库后，急忙回师均县官山的吕家河，将红三军司令部设于吕家河泰山庙。1931年8月31日，均县苏维埃政府开始恢复正常工作。县政府设在吕家河泰山庙旁的草房街王有顺家。红三军转至房县后，县政府办公地转到泰山庙。

　　红三军司令部驻地、均县苏维埃政府旧址于2008年3月被湖北省人民政府公布为湖北省文物保护单位。

七里峡红四方面军战斗遗址

　　七里峡红四方面军战斗遗址位于郧西县上津镇境内孙家湾村。

　　1932年7月，国民党30余万大军对鄂豫皖苏区发动了第四次围剿。10月10日，鄂豫皖中央分局决定红四方面军跳出鄂豫皖苏区，向平汉铁路以西地区作战略转移。11月12日，国民党军将红四方面军逼进了任岭（郧西县上津镇云岭）长达近十里狭窄的峡谷（上津镇境内七里峡），企图进行围歼。双方在七里峡口竭尽全力地拼杀。经过三天两夜的激战后，红四方面军最终胜利突围。

上关县民主政府旧址（上津古镇）

上关县民主政府旧址（上津古镇）津古城位于湖北省郧西县城西北70千米的上津镇。

古镇周长1236米，面积约8万平方米。城墙高约7米，呈梯形，为青砖砌成。现存城池为嘉庆七年（1802年）修建，位于明代故城遗址以北。新民主主义革命时期，李先念、徐向前、贺龙、刘华清、程子华等老一辈无产阶级革命家曾在上津播下革命火种。1947年11月，在上津诞生了湖北第一个县级民主政权——上关县民主政府，这里因而成为湖北第一个解放的县城。

上关县以上津、漫川关二地地名命名，1949年5月撤销。上津古镇于2013年3月被国务院公布为全国重点文物保护单位。

郧西县革命烈士陵园

郧西县革命烈士纪念碑在郧西县革命烈士陵园内，位于十堰市郧西县城关镇王家坪村5组。

新民主主义革命时期，革命战士在郧西英勇战斗，其中有1600余人牺牲于此。解放战争时期，陈（赓）谢（富治）兵团四纵十二旅的24位烈士也在此牺牲。

2009年7月，郧西县政府决定在城关镇王家坪村5组24棺无名烈士墓处新建郧西县革命烈士陵园。陵园以24座烈士墓为基础，墓前建有雄伟的纪念碑。

郧西县革命烈士陵园于1992年9月被郧西县人民政府公布为郧西县文物保护单位。

红军烈士墓

红军烈士墓位于十堰市武当山景区紫霄宫门前赐剑台。

1931年6月14日,贺龙率领红三军主力向房县转移。临行前,贺龙将300多名伤员托付给徐本善道总照管。6月18日,国民党队伍包围了紫霄宫,为保护战友生命,6名重伤战士挺身而出,结果这6名战士被敌人枪杀在西宫后边的大白果树下。

1966年,政府将烈士的遗骨移葬至宫门前赐剑台,并建烈士亭,供后人瞻仰。

红军墓于1982年2月被国务院公布为全国重点文物保护单位。

均郧房县委、县政府旧址

均郧房县委、县政府旧址位于十堰市茅箭区南部山区茅塔乡东沟村。

1946年，王树声率中原突围南路部队在茅塔乡东沟村建立了鄂西北第三军分区、均郧房县委县政府、县大队革命政权。均郧房县委率领突围官兵在这里坚持武装斗争直至该年底，牵制了数十倍于己的国民党军队。

1997年10月，均郧房县委县政府旧址被十堰市命名为全市爱国主义教育基地。2016年4月，均郧房县委县政府旧址更名为中原突围鄂西北纪念馆。

八、荆门革命旧址

中共荆门县第一次代表会议会址

中共荆门县第一次代表会议会址位于荆门市东宝区龙泉街道办事处象山东麓文明湖北岸。

1922年7月，中国共产党第二次全国代表大会召开之后，一批荆门籍党员先后受党组织派遣回到荆门建立地方党组织。1926年12月，中共荆门县第一次代表会议在荆门城关高小门楼内（龙泉书院）召开。会议成立中共荆门县部委员会。

中共荆门县第一次代表会议会址（龙泉书院）于2008年3月被湖北省人民政府公布为湖北省文物保护单位。

中共钟祥县部委员会旧址

中共钟祥县部委员会旧址位于荆门市钟祥市郢中街道办事处兰台中学院内。

1925年12月，在武汉地委特派员金在天的指导下，费必生、王志清等人在兰台书院组织召开全县党的负责人会议，成立中共钟祥县部委员会。会上选举了部委员会领导成员，费必生任党部书记。中共钟祥县部委员会在荆门地区是最早成立的中国共产党的县级组织之一。

中共钟祥县部委员会旧址（兰台书院）于2008年3月被湖北省人民政府公布为湖北省文物保护单位。

陈士榘将军故居

陈士榘将军故居位于荆门市掇刀区团林铺镇陈集村10组。

陈士榘（1909—1995），湖北荆门人。1927年春，在荆南参加农民运动，后在武昌加入中国共产主义青年团；同年，参加湘赣边界秋收起义并加入中国共产党。抗日战争时期，任八路军一一五师参谋长等。解放战争时期，任第三野战军参谋长等。1955年，被授予上将军衔。1995年7月22日在北京逝世。

陈士榘将军故居于2009年12月被掇刀区人民政府公布为掇刀区爱国主义教育基地。

荆门烈士陵园

　　荆门烈士陵园位于荆门市东宝区龙泉街道办事处陵园路2号。

　　荆门是一块红色沃土，无数革命先烈为了革命和解放事业，牺牲在荆门大地上。

　　1957年，荆门县人民政府在象山脚下文明湖畔修建荆门烈士陵园。1992年，荆门市人民政府将荆门烈士陵园迁至象山顶峰，园内建有烈士名录墙，刻有全市各个时期烈士名单计4719人。

　　荆门烈士陵园于1992年5月被荆门市人民政府公布为荆门市文物保护单位，1999年2月被湖北省人民政府公布为湖北省爱国主义教育基地。

豫鄂边区第一届抗日人民代表大会会址

　　豫鄂边区第一届抗日人民代表大会会址位于荆门市京山县绿林镇向集村2组罗家湾。

　　1942年3月13日至23日，豫鄂边区党委和行政公署在京山向家冲罗家祠堂召开豫鄂边区第一届抗日人民代表大会。代表来自20余县共126人。大会按照"三三制"原则，选举了人民代表大会（参议会）代表团。陈少敏当选为大会主席（参议长），许子威继续担任行署主席。

　　豫鄂边区第一届抗日人民代表大会会址于1992年12月被湖北省人民政府公布为湖北省文物保护单位。

九、宜昌革命旧址

资丘七十七烈士纪念碑

资丘七十七烈士纪念碑位于宜昌市长阳县资丘镇资丘村5组。

1929年8月5日，红五军移至长阳县资丘镇时，遭遇敌三路围攻，部队损失惨重。1957年8月，资丘区公所组织力量掘出烈士忠骨77具，并建纪念亭安葬烈士，后建纪念碑。1992年4月，纪念碑迁址至资丘镇桃山黑岩头复建。

资丘七十七烈士纪念碑于1993年12月被宜昌市人民政府公布为宜昌市文物保护单位，1999年2月被湖北省人民政府公布为湖北省爱国主义教育基地。

莲沱九四暴动革命烈士纪念碑

莲沱九四暴动革命烈士纪念碑位于宜昌市夷陵区乐天溪镇莲沱村。

1929年10月6日，中共莲沱区委在鄂西特委和宜昌县委的领导下举行了农民武装起义，史称九四暴动。赤卫队不顾敌强我弱，打败团防。国民党当局和反动势力纠集多处团防合围镇压，残酷杀害共产党员和革命群众360多人。

2009年10月，中共夷陵区委、区人民政府将纪念碑按原样迁移到乐天溪镇莲沱村重建。莲沱九四暴动革命烈士纪念碑于1994年9月被宜昌市人民政府公布为宜昌市文物保护单位。

红四军军部旧址

红四军军部旧址位于宜昌市五峰县采花乡红渔坪卢吉昌屋场。

1930年3月4日，红四军占领五峰县城。3月6日，红四军驻扎红渔坪，军部设在卢家屋场（卢吉昌家），贺龙、蹇先任住军部。中共红四军前委书记、军长贺龙通过五峰和长阳两县地下党组织了解地方革命武装形势，组建地方游击队。3月10日，红四军红渔坪游击大队在卢家大屋树旗成立，全大队100余人。

红军第二军团总指挥部旧址

中国工农红军红二军团总指挥部、政治部，红六军军部旧址位于宜昌市五峰县五峰镇正街居委会39号。

1931年2月，贺龙等率中国工农红军第二军团抵达五峰县城，总指挥部、红六军军部即设于此。经过战斗广大军民的共同努力，湘鄂西苏区逐渐发展成当时全国最大的6个苏区之一。

中国工农红军红二军团总指挥部旧址于2018年1月被宜昌市人民政府公布为宜昌市文物保护单位。

中共湘鄂边五县党代会会址

中共湘鄂边五县党代会会址位于宜昌市五峰县采花乡长茂司村刘家大屋。

1931年3月30日至4月3日，根据湘鄂西中央分局关于红三军离开湘鄂边根据地留守后工作的指示，在五峰采花长茂司刘家大屋召开5县党政机关和地方武装组织代表大会。出席会议的党代表共100余人。大会撤销了鹤峰中心县委，选举产生了中共湘鄂边分特委，决定成立湘鄂边五县联县苏维埃政府。

中共湘鄂边五县党代会会址于1994年9月被宜昌市人民政府公布为宜昌市文物保护单位。

宜昌市革命烈士陵园

宜昌市革命烈士陵园位于宜昌市西陵区东山之巅。

烈士陵园内建有烈士纪念碑、烈士骨灰堂和革命烈士纪念馆。

纪念碑位于纪念广场正西方，始建于1973年，改造于2008年。烈士骨灰堂安放有各时期在宜昌牺牲的207名烈士骨灰。1997年竣工的宜昌革命烈士纪念馆，以时间为序展出各时期烈士的英雄事迹。其中展出图片资料347张，文物35件，以及被国家正式批准的2717位革命烈士名录。

宜昌市革命烈士陵园于1995年3月被湖北省人民政府公布为湖北省爱国主义教育基地。

五峰革命烈士纪念碑

　　五峰革命烈士纪念碑位于宜昌市五峰县五峰镇东门坡。

　　1987年冬，中共五峰土家族自治县委员会、五峰土家族自治县人民政府为纪念新民主主义革命时期，在五峰境内浴血奋战、献身革命的烈士，修建五峰革命烈士纪念碑。

　　纪念碑为石头砌筑，方柱形，高10米。碑身正面有廖汉生题词镌刻"五峰革命烈士纪念碑"。纪念碑建有平台、护栏。占地200平方米。

襄西革命烈士纪念馆

　　襄西革命烈士纪念馆位于宜昌市当阳市当阳城区西北部的关公文化园内。

　　襄西即指湖北省汉水以西、长江以北地区。在整个新民主主义革命斗争中，襄西人民前仆后继，英勇不屈，成千上万的优秀儿女献出了宝贵的生命。1999年6月24日，纪念馆举行揭幕开馆仪式。主体纪念设施有纪念碑、烈士祠、陈列室。

　　襄西革命烈士纪念馆于1999年2月被湖北省人民政府公布为湖北省爱国主义教育基地。

十、随州革命旧址

新四军第五师九口堰纪念馆（新四军第五师司令部、政治部旧址）

　　新四军第五师九口堰纪念馆（新四军第五师司令部、政治部旧址）位于随州市曾都区洛阳镇九口堰村孙家大湾。

　　1941年4月5日，李先念率新四军第五师全体将领于白兆山通电就职。同时，新四军第五师司令部、政治部设在九口堰村孙家大湾。

　　新四军第五师九口堰纪念馆（新四军第五师司令部、政治部旧址）于1992年12月被湖北省人民政府公布为湖北省文物保护单位，1995年10月被随州市人民政府公布为随州市爱国主义教育基地。

江汉公学旧址

江汉公学旧址位于随州市随县洪山镇杜家店村。

江汉公学是江汉解放区在随南县大洪山革命老区双河杜家店创办的一所干部学校。随着解放战争胜利推进，中共江汉区委、江汉行署、江汉军区决定创办江汉公学。江汉军区副政委、江汉行署主任郑绍文任校长。江汉公学从1948年春创立到1949年夏结束，共开办四期。1949年4月中旬，江汉公学师生大部分随军南下。江汉公学为革命培养了近千名军政干部。

江汉公学旧址于1999年2月被湖北省人民政府公布为湖北省爱国主义教育基地。

随州市曾都区烈士陵园

随州市曾都区烈士陵园位于随州市曾都区南郊办事处白云山。

随州市曾都区烈士陵园始建于1957年，主要建筑物有革命历史陈列馆、烈士塑像、革命烈士纪念塔、烈士骨灰存放厅、接待室和其他附属设施。陈列馆记载着从新民主主义革命至今各个时期的681位烈士名录。全馆展出照片418张，撰写文字近5万字，图文并茂，内容真实。同时，还展出了重要革命斗争文物13件，重要历史文献78份。

随州市曾都区烈士陵园于1982年7月被随州市人民政府公布为随州市爱国主义教育基地。

应山革命烈士纪念碑

应山革命烈士纪念碑位于随州市广水市应山办事处双桥居委会潘家湖。

新民主主义革命时期，广水党组织和人民群众始终站在革命斗争前列，坚贞不屈，英勇奋斗，为中国人民的解放事业做出了不可磨灭的贡献。在20多年的革命战争中，共有5000余名烈士献出了生命，其中县团级以上的烈士就有20余人。

为纪念广水这段光辉革命历史，缅怀革命先烈，应山县人民政府修建了应山革命烈士纪念碑。

十一、恩施革命旧址

鹤峰县五里坪革命旧址

五里坪革命旧址位于湖北鹤峰县五里乡五里坪老街中段。

1929年至1930年，红四军曾三次驻扎五里坪，贺龙两次居住于此。贺龙曾率领红四军、红二军团在这里进行了著名的"五里坪围歼战"。1931年4月7日，中华苏维埃湘鄂边联县政府及中共湘鄂边特委机关等机构相继迁入五里坪，这里成了湘鄂边苏区的中心。4月27日，中共湘鄂西中央分局在五里坪召开了特委扩大会议，改分特委为湘鄂边特委。

五里坪革命旧址于2006年5月被国务院公布为全国重点文物保护单位。

恩施县苏维埃政府旧址

恩施县苏维埃政府旧址位于恩施州恩施市新塘乡双河居委会上坝组老街。

1930年1月9日，贺龙率红四军主力部队攻克恩施东乡重镇红土溪，歼灭团防武装，为恩施县苏维埃政权的建立做准备。1933年5月11日，在红军代表郭延卿、余绍权的组织下，恩施县苏维埃政府在黄敬堂家正式成立，张家政任主席。县苏维埃政府辖1个区苏维埃及56个乡苏维埃。其间，贺龙两次到双河皆住在这里，与关向应同住正房右间。恩施县苏维埃政府的建立，为湘鄂边苏区的恢复、发展及当地土地革命运动的顺利开展发挥了积极作用。

恩施县苏维埃政府旧址于1988年9月被恩施市人民政府公布为恩施市文物保护单位。

贺龙驻永兴坪旧居

贺龙驻永兴坪旧居位于恩施州建始县官店镇永兴坪村4组。

1933年4月，红三军军长贺龙率百余红军战士转战到永兴坪，军部设在张俊臣家，贺龙在此居住月余。永兴坪系官店口至鹤峰的必经之地，东南与鹤峰邬阳关隔茶辽河相连，西与恩施石灰窑一溪之隔，北邻海拔1760米的枇杷垴，山大人稀，便于游击。

贺龙离开这里后，人们深切怀念贺龙和红军，将两棵柏树称为红军树。现在，两棵柏树已长成参天大树，既珍贵又具有历史纪念意义。红军树的故事已深深扎根在苏区人民心中。

贺英牺牲地

贺英牺牲地位于鹤峰县太平乡洞长湾村胡家屋场。

贺英生于1886年，是贺龙的大姐。1928年春，贺龙、周逸群等到湘鄂西开展武装斗争，贺英带领1000多人参加了组建工农革命军的洪家关聚义。在创建湘鄂边、湘鄂西革命根据地斗争中，贺英做出了重要贡献，是重要军事领导干部之一。1933年5月5日夜，贺英率领游击队在鹤峰太平镇洞长湾与反动团防展开激战，不幸牺牲。

贺英牺牲地于2008年3月被湖北省人民政府公布为湖北省文物保护单位。

接龙桥

接龙桥位于湖北省来凤县翔凤镇拦河上。

接龙桥始建于清嘉庆年间，有80余米长，5米多宽。1934年4月，贺龙率领红三军从湖南甘壁寨进入来凤境内，领导来凤人民打土豪劣绅。10月，贺龙率领红二军团一部再次进入来凤。在驻防期间，贺龙召开群众大会，号召青年起来革命，参加红军。贺龙每一次到来，拦河两岸人民欣喜若狂，纷纷走上接龙桥，盼红军接贺龙，从此接龙桥便被赋予崭新含义，成了迎接红军和贺龙的桥，成为人民心向革命的象征。

中共鄂西特委旧址

中共鄂西特委旧址位于恩施州恩施市舞阳坝办事处五峰山村红岩狮组。

1940年8月16日，中共中央南方局派钱瑛到恩施，在五峰山红岩狮唐清洪家（原施巴特委机关）召开了区党委扩大会议，中共中央南方局决定撤销鄂西区党委及所属施巴特委，成立中共鄂西特委，明确鄂西特委是中共湖北省党的领导机关。

原址建筑物因年久失修，于1976年坍塌。2003年，当地政府出资重建。

中共鄂西特委旧址于2004年8月被恩施市人民政府公布为恩施市文物保护单位。

叶挺将军囚居旧址

叶挺将军囚居旧址位于恩施州恩施市叶挺路112号。

1941年，皖南事变中遭国民党无理扣押和非法拘禁的叶挺曾两度被秘密软禁于这里，历时两年之久，是叶挺被囚禁时间最长的地方。

1983年经湖北省人民政府批准，由恩施市在原址按原样修复叶挺将军囚居旧址，并增建了纪念馆，叶挺将军纪念馆占地175平方米。

叶挺将军囚居旧址纪念馆于1992年12月被湖北省人民政府公布为湖北省文物保护单位，1995年3月被湖北省人民政府公布为湖北省爱国主义教育基地。

六角亭烈士陵园

六角亭烈士陵园位于恩施州恩施市六角亭街道办事处象牙山。

六角亭烈士陵园内有中国人民解放战争革命烈士纪念碑、烈士墓等建筑。1951年8月1日，中国人民解放战争革命烈士纪念碑落成。纪念碑立于老城区象牙山顶，坐北朝南。从碑顶至碑身三分之二处，镌刻"中国人民解放战争革命烈士纪念碑"隶体大字，上刻碑文。围绕纪念碑建设了六角亭烈士陵园。

中国人民解放战争革命烈士纪念碑于1988年9月被恩施市人民政府公布为恩施市文物保护单位。

湘鄂边苏区鹤峰革命烈士陵园

　　湘鄂边苏区鹤峰革命烈士陵园位于恩施州鹤峰县容美镇陵园路21号。

　　1959年，鹤峰县人民政府为纪念土地革命战争时期在湘鄂边苏区牺牲的烈士，而修建湘鄂边苏区鹤峰革命烈士陵园。2004年至2009年又进行了改建、扩建。陵园依山而建，前有进园牌坊、星火广场、贺龙铜像、烈士祠，中部矗立有湘鄂边苏区革命烈士纪念碑，山顶为陵园烈士主墓区，有段德昌、王炳南、贺英等烈士墓。

　　湘鄂边苏区鹤峰革命烈士陵园于2005年11月被中央宣传部公布为全国爱国主义教育示范基地。

革命烈士纪念碑

来凤县烈士陵园

来凤县烈士陵园位于来凤县城翔凤山东北麓。

来凤县烈士陵园始建于1959年，1972年迁至现址，总面积约2460平方米。园内立青石碑一座，高14.2米，正面刻着"革命烈士纪念碑"7个大字，碑顶塑有持枪战士石像一尊。碑座镌刻着贺龙元帅题词，碑文记叙了来凤人民在中国共产党领导下前仆后继的斗争历史。烈士陵园内有纪念碑、纪念亭、陈列室、烈士名录碑、塑像、浮雕群等。

十二、咸宁革命旧址

北伐汀泗桥战役遗址

北伐汀泗桥战役遗址位于咸宁市咸安区汀泗桥镇汀泗桥（集镇）。

1926年8月25日，北伐军与吴佩孚军在汀泗桥相遇。汀泗桥易守难攻。第四军叶挺独立团作战勇猛，最终获胜。

1929年10月，国民政府在当年的战场遗址建北伐汀泗桥战役烈士陵园。北伐汀泗桥战役纪念馆于2009年11月4日正式开馆。

北伐汀泗桥战役遗址于1988年1月被国务院公布为全国重点文物保护单位，北伐汀泗桥战役遗址纪念馆于2009年5月被中央宣传部公布为全国爱国主义教育示范基地。

鄂南秋收暴动农民革命军司令部旧址

鄂南秋收暴动农民革命军司令部旧址位于咸宁市咸安区桂花镇白沙村白沙老街。

1927年8月初，中共湖北省委决定鄂南的秋收暴动以"蒲圻（今赤壁）、咸宁（今咸安）为中心与发难地点"。9月8日，鄂南秋收暴动提前打响。16日，鄂南农军攻占咸宁县城未果，撤到马桥、柏墩一带。18日，国民党军分三路包围马桥。23日，国民党军继续南进，鄂南暴动农军被迫退至通山。

在整个暴动期间，暴动领导人曾多次在这里召开有关会议，研究、组织、指挥暴动。

通山县工农政府委员会旧址

　　通山县工农政府委员会旧址位于咸宁市通山县通羊镇南门社区圣庙小区圣庙巷6号（包括彭德怀旧居、红三军团前委扩大会议会址）。

　　通山县工农政府委员会办公地设在圣庙。1930年6月23日，红三军团总指挥（军团长）、前委书记彭德怀进入通山县城。他以圣庙为住所，并将红三军团总指挥部设在圣庙。6月25日，由彭德怀主持，红三军团在圣庙举行了前委扩大会议。

　　通山县工农政府委员会旧址（圣庙）于1992年12月被湖北省人民政府公布为湖北省文物保护单位。

文庙山革命烈士陵园

文庙山革命烈士陵园位于咸宁市嘉鱼县城鱼岳镇文庙山。

1925年初，嘉鱼县第一位共产党员李文卿以集贤客栈为联络站，宣传马克思主义。1926年10月，中共嘉鱼县支部委员会成立。

1960年，为纪念嘉鱼县各个革命历史时期英勇献身的革命烈士，嘉鱼县委、县政府将嘉鱼公园改建为烈士陵园。陵园建筑由园门、牌坊、革命烈士纪念塔、烈士墓组成。

文庙山革命烈士陵园于1999年2月被湖北省人民政府公布为湖北省爱国主义教育基地。

湘鄂边中心县苏维埃政府旧址

湘鄂边中心县苏维埃政府旧址位于咸宁市崇阳县石城镇塔坳村1组。

1933年1月，根据湘鄂赣省委指示，在崇阳西部地区泉湖埂场山上角屋召开千人大会，组成中共湘鄂边县委员会。1933年10月12日，在崇阳双港实竹坪召开工农代表大会成立湘鄂边县革命委员会。1934年春，在中共湘鄂边中心县委书记钟期光主持下于双港实竹坪正式成立湘鄂边中心县苏维埃政府。

湘鄂边中心县苏维埃政府旧址于1986年10月被崇阳县人民政府公布为崇阳县文物保护单位。

药姑山割耳坡红军烈士纪念地

药姑山割耳坡红军烈士纪念地位于咸宁市通城县大坪乡药姑山割耳坡。

1931年春，李湘桓、赵琪率一连武装重返药姑，领导药姑人民进行英勇顽强的斗争。一次反动势力火烧楠竹沟，许多战士和群众丧生，其耳朵被敌人割去请功。新中国成立后，当地政府将楠竹沟更名为割耳坡。

1987年，通城县委、县政府在割耳坡立碑，以示纪念。

药姑山割耳坡红军烈士纪念地于2008年3月被湖北省人民政府公布为湖北省文物保护单位。

红军烈士精神永存

十三、鄂州革命旧址

国民革命军独立十五师师部旧址

国民革命军独立十五师师部旧址位于鄂州市鄂城区大北门街30号。

1927年3月初，贺龙率领国民革命军第九军第一师抵鄂城县（今鄂州市），师部从汉口迁至此处。由于在北伐中立有战功，第一师奉命改编为国民革命军独立十五师。3月23日，贺龙通电全国，在鄂城就任独立十五师师长，师部仍设在这里。

国民革命军独立十五师师部旧址于2008年3月被湖北省人民政府公布为湖北省文物保护单位。

鄂南抗日根据地指挥中心旧址

鄂南抗日根据地指挥中心旧址位于鄂州市鄂城区沙窝乡麻羊垴。

1942年5月初，新四军五师挺进鄂南，创建鄂南抗日游击根据地。指挥部党委于8月底成立中共鄂南工委，机关设在中共鄂大工委和鄂大政务委员会所在地鄂大根据地中心区麻羊垴。

1945年4月，中共鄂南中心县委并入鄂南地委后撤销，鄂南指挥部并入鄂南军分区后撤销。

鄂南抗日根据地指挥中心旧址于1999年2月被湖北省人民政府公布为湖北省爱国主义教育基地。

张家楼房

张家楼房位于鄂州市梁子湖区梁子岛南部。

张家楼房始建于清代，初为私塾学堂，后为作坊。1945年5月中旬，张体学回师樊湖地区开展武装斗争，任鄂东军区代令员期间曾在梁子岛张家楼房居住，部队指挥部也曾设在这里。抗战胜利后，为避免内战、争取和平建国，鄂豫皖湘赣边区党委和新四军五师根据中共中央的指示，命令鄂南根据地党政机关和人民武装撤至江北。

张家楼房于2008年3月被湖北省人民政府公布为湖北省文物保护单位。

十四、潜江革命旧址

熊口镇红军街

红军街位于潜江市熊口镇。

1930年至1932年，湘鄂西苏区的军事领导机关多次驻扎在红军街，革命遗址有红二军团部、红三军军部、红六军军部及红七师、八师、九师师部等34处。由于新建和改建房屋，只有红二军团部、红三军军部和红六军军部旧址保存至今。

1984年11月12日，全国人大常委会副委员长廖汉生为"红军街"题名。

红军街于1996年5月被潜江市人民政府公布为潜江市文物保护单位，1999年2月被湖北省人民政府公布为湖北省爱国主义教育基地。

红军堤、红军闸纪念碑

红军堤、红军闸纪念碑位于潜江市汉江河道管理局田关闸管理分局。

1932年4月，潜江县苏维埃政府动员群众完成田关堵口复堤工程。当地老百姓将此堤命名为红军堤。1958年，潜江县人民政府领导群众将旧西荆河疏导成田关新渠，在渠首建六孔大型涵闸。1960年4月20日，贺龙题名为"红军闸"。

红军堤、红军闸纪念碑于1983年11月被潜江县（现为潜江市）人民政府公布为潜江县文物保护单位。2008年3月被湖北省人民政府公布为湖北省文物保护单位。

十五、仙桃革命旧址

胡幼松烈士纪念馆

胡幼松烈士纪念馆位于仙桃市陈场镇幼松村。

胡幼松（1898—1930），仙桃市（原沔阳县）陈场镇坡场乡人。1924年7月加入中国共产党。1927年带领赤卫队参加戴家场起义。1928年1月，创建河西区苏维埃政府，当选为主席。1930年4月26日英勇就义。

沔阳县政府于1976年兴建胡幼松烈士纪念馆。1986年，在胡幼松故居建立忠烈祠，立塑像3座。

胡幼松烈士纪念馆于1990年11月被仙桃市人民政府公布为仙桃市文物保护单位，1999年2月被湖北省人民政府公布为湖北省爱国主义教育基地。

十六、天门革命旧址

天门市革命烈士陵园

天门市革命烈士陵园位于天门市竟陵办事处陆羽大道。

1993年6月至1996年4月，由市委、市政府组织在市区古城堤修建天门市革命烈士纪念碑。2001年，纪念碑迁至陆羽大道西端的汉北河畔重建。

重建的烈士纪念碑位于烈士陵园中心，高29.6米。碑座四周敷贴四幅汉白玉浮雕，分别反映天门共产党组织在大革命、土地革命战争、抗日战争、解放战争、社会主义建设时期的活动。

天门市革命烈士陵园于1999年2月被湖北省人民政府公布为湖北省爱国主义教育基地。

十七、神农架革命旧址

房县十三区第四乡苏维埃政府旧址

房县十三区第四乡苏维埃政府旧址位于神农架林区松柏镇。

土地革命战争时期，贺龙领导红三军在房县建立苏维埃政权，玉皇阁成了房县十三区（古水区）第四乡（松香坪乡）苏维埃政府的办公所在地。8月初，红军在玉皇阁召开群众大会，宣布红军的三大纪律，惩处了一批土豪、恶霸。房县十三区第四乡苏维埃政府在此领导农民展开轰轰烈烈土地革命斗争。

房县十三区第四乡苏维埃政府旧址于1991年10月被神农架林区政府公布为神农架林区文物保护单位。

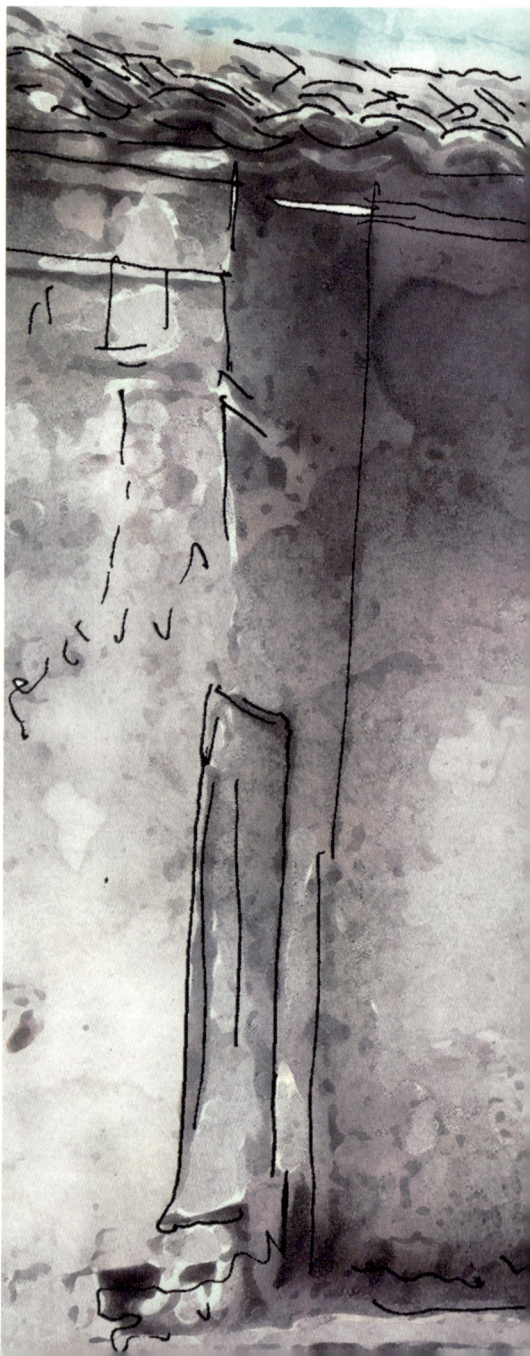

后　记

　　为贯彻落实习近平总书记关于弘扬革命文化、传承红色基因的系列重要讲话精神，切实把革命文物保护好、管理好、运用好，发挥好革命文物在党史学习教育、革命传统教育、爱国主义教育等方面的重要作用，教育部高等学校社会科学发展研究中心、高等学校中国共产党革命精神与文化资源研究中心、牡丹江师范学院组织编写了《红色旧址手绘系列读本》。

　　编写动议始于2017年，经过几年的磨合，形成了以图证史、以省域为单位分卷绘制的总体框架。每卷以中国共产党领导全国各族人民进行革命、建设、改革的伟大奋斗历程为主线，以承载重大历史事件或重要历史人物活动的革命旧址为主要绘制对象，以艺术的张力展现百年大党的光辉历程、伟大成就和宝贵经验。

　　自2020年2月启动以来，理事会秘书处多次邀请有关党史专家对系列读本的编写提纲、书稿初稿和修改稿进行专题研讨和集中审读，就系列读本的风格体例、总体框架、绘制方法、艺术表现等内容进行了多次研讨。在此过程中，注意充分发挥集体攻关的优势，统一思想，协调行动，确保编写质量。

　　系列读本由教育部高等学校社会科学发展研究中心主任王炳林、牡丹江师范学院原副院长（现黑河学院院长）杨敬民任总主编，朱喜坤、储新宇任执行主编，崔文龙、朱博宇、张翔参与了书稿的审改工作，并做了大量的组织协调工作。全书由王炳林、杨敬民负责统改定稿。

系列读本实行分卷主编负责制。本卷由黄冈师范学院大别山红色文化研究中心负责组织编写，黄冈师范学院原党委书记王立兵任主编。参与本书编绘的人员有汪季石、夏慧、胡绍宗、袁朝晖、钟劲松、丁亮、范洪涛、黎际文、王雷、孙军、朱君、方艳、张立红、柯希仑、龚海波、孙建峰。吴江、曾成贵、库充审改了书稿。中共湖北省委党史研究室对全书认真审读、严格把关，确保了史料的真实性和准确性。

本书是2021年度国家社科基金重点项目"中国共产党革命精神谱系研究"（项目编号：21ADJ011）的阶段性成果，是教育部社科中心基本科研业务费专项资金项目"中国共产党百年红色文化研究"（项目编号：GY202006）的成果，得到了牡丹江师范学院中国抗联研究中心的大力支持，得到了中国文史出版社的大力支持，在此表示衷心感谢。

由于编写者水平有限，不足之处在所难免，欢迎专家学者和广大读者批评指正。

系列读本编委会
2021年12月